KB071990

시진핑, 개혁을 심화하라

习近平, 关于全面深化改革论述摘编

习近平, 关于全面深化改革论述摘编

ⓒ 2014, 中共中央文献研究室

시진핑, 개혁을 심화하라

习近平, 关于全面深化改革论述摘编

중공중앙문헌연구실 편
(中共中央文献研究室 编)

성균중국연구소 옮김
(成均中国研究所 译)

성균관대학교
출 판 부

차례

『시진핑, 개혁을 심화하라』를
발간하며

　제5세대 지도부인 시진핑 체제의 등장은 중국공산당사에서 역사적 의미를 지닌다. 무엇보다 2021년에 중국공산당 창당 100년의 성과를 결산하고 건국 100년을 위해 새로운 도약을 준비하는 이른바 '두 개의 백년'이라는 과제를 어깨에 짊어지고 있기 때문이다. 새 지도부는 바로 이러한 '중국의 꿈'을 꾸고 있고 그 꿈의 실체는 '중화민족의 위대한 부흥'에 있을 것이다.

　중국현대사는 한 편의 드라마와 같이 역동적이었다. 식민주의와 봉건주의 그리고 관료자본이라는 세 가지 산을 넘어 중화인민공화국을 세웠다. 국가건설 이후에도 문화대혁명과 많은 정치적 풍파를 겪었지만, 역사의 고비마다 정확한 노선을 선택해 위기를 기회로 바꾸어 왔다. 이중에서도 오늘의 중국을 만든 것은 제2의 혁명이라고 불리는 개혁개방이라고 할 수 있다. 덩샤오핑 주석은 일찍이 '가난은 사회주의가 아니다'고 설파하면서 정치가 먹고사는 문제를 해결하지 못하는 한계를 지적했다. 그리고 그것을 일시적 방침이 아닌 100년 동안 확고부동하게 흔들리지 않는 원칙과 목표였다.

　이에 따라 사상해방을 통해 국가혁신이 시작되었고 중국사회에는 '한 번 해보자'는 활기가 되살아났다. 그 결과 아시아 금융위기와 세계경제의 침체에도 불구하고 30년 동안 연평균 9%가 넘는 고도성장을 지속해왔으며 국민들의 자부심도 고취되면서 중국은 다시 부상하게 되었다. 이것은 세계사적으로 유례가 없는 일이었고 우연히 만들어진 '기적'도 아니었다. 돌이켜 보면 개혁개방이 중국현대사의 '결정적인 한 수(关键一招)'였던 셈이다.

　한편 중국은 경제적 성과와 함께 정치적으로도 다양한 개혁을 통해 중국특색 사회주의를 공고화했고, 정치가 누구를 위해 왜 존재하는지를 끊임없이 질문했다. 어려울 때마다 개혁개방의 초심으로 돌아간 것도 이러한 성취의 배경이었다. 그 결과 덩샤오핑이 닦은 개혁개방의 초석 위에서 '3개대표' 중요사상을 통해 중국공산당을 혁명당에서 집정당으로 탈바꿈시켰고, 이인위본(以人为本)에 기초한 '과학적 발전관'을 통해 기존의 발전방식에 대전환을 가져왔다. 이러한 중국정치의 역동성은 변화를 두려워하지 않고 시대과제를 정확히 읽어 앞으로 나아간(与时俱进) 것에 있다. 그리고 '모든 것은 변한다', '새로운 것이 낡은 것을 이긴다'는 정신으로 변화에 발 빠르게 대응한 것이었다.

이러한 성과 위에서 시진핑 주석이 이끄는 제5세대 지도부는 또 다른 전환을 시도하고 있다. 문제는 제5세대 지도부 앞에는 전례 없는 새로운 도전과제가 놓여 있다는 점이다. 과거와는 비교할 수 없을 정도로 국제경제의 글로벌화가 심화되었고 종합국력의 경쟁은 더욱더 치열해지고 있다. 뿐만 아니라 대외적으로도 미국의 '재균형' 정책에 효과적으로 대응해야 하며, 아시아의 새로운 안보관을 구축해야 하는 현실적인 과제를 안고 있다. 무엇보다 지금 중국의 가장 큰 도전은 그동안 성장과정에서 나타난 '적폐(积弊)'이다. 이러한 기득이익, 부패, 특권과 같은 반칙은 하루아침에 형성된 것이 아니라, 오랜 개혁개방 과정에서 고착된 것이기 때문이다. 시진핑 주석도 오늘날의 개혁은 '두 발로 물을 건널 수 없는 심수구(深水区)에 접어들었다'고 인식했다.

따라서 시진핑 주석은 '한 번의 개혁만으로는 결코 영원히 편안해지지 않으며, 위험한 줄 알면서도 이를 무릅쓰고 나아가는 용기가 중요하다'는 점도 강조했다. 역사의 경험에 비추어 단칼에 중국의 모든 문제를 개혁하기 어렵다는 점을 정확히 인식하고 스스로 행동을 바로잡는 자세(以身作则)를 갖춰 긴 개혁의 여정을 시작했다. 시진핑 주석이 민생현장에 다가가는 것은 매우 인상적이다. 동네 가게에서 만두를 사먹고 택시를 타는 자세는 정치가 국민 속에 뿌리 내려야 한다는 신념의 일단이라고 보인다. 무릇 모든 정치는 국민을 행복하게 해주어야 한다. 민생을 개선하지 않는 어떤 정치도 정치적 정당성을 담보할 수 없다. 이런 점에서 민생주의는 '최대의 정치' 이자 사회주의 그 자체라고 할 수도 있다.

이를 위해서는 도농간 격차, 소득간 격차, 연해지역과 내륙지역과의 격차를 극복하여 인민의 복지를 증진시켜야 한다. 그리고 '국가는 부자가 되었지만 국민들은 가난하다(国富民穷)'는 현상을 극복하여 공부(共富)의 시대를 열어야 한다. 벌써 새로운 변화와 새로운 작풍이 중국사회에서 나타나고 있다. 문제는 '변화와 혁신'에 있다는 시진핑 지도부의 정치적 의지가 국민들 속에서 공감대를 넓게 형성하고 있다고 볼 수 있다. 개혁은 혁명보다 어렵다고 한다. 왜냐하면 개혁은 진행형만 있을 뿐 완료형이 없기 때문이다. 이런 점에서 기존 체제를 공고하게 유지하면서 개혁의 폭과 깊이를 넓히고 심화하는 일은 일종의 정치적 예술의 영역이다. 시진핑 지도부가 2013년 9월 〈전면적 개혁심화〉을 추진하기로 결정한 것도 이러한 시대정신을 정확하게 읽은 것이며, '물을 거슬러 올라가는 배와 같이 전진하지 못하면 도태한다'는 위기의식의 발로이기도 하다. 중국사회가 한 단계 업그레이드되는 창조국가의 틀을 통해 국제사회에서 책임있는 국가로 부상하고자 하는 것이다.

이 책은 중국공산당 중앙문헌연구실에서 편찬한 『시진핑의 전면적 개혁심화에 관한 언설 발췌본』을 완역한 것이다. 이 책에는 시진핑 주석이 공산당 총서기에 취임한 2012년 11월 15일부터 2014년 4월 1일까지의 발언과 강연, 지시

등 70여 편의 '중요 문건'이 수록되어 있고, 총 12개 부분 274개 단락으로 구성되어 있다. 이 책의 핵심 요지는 개혁개방은 중화민족의 위대한 부흥을 실행하는 '한 수'라는 것이다. 그 내용은 다음과 같은 것을 포괄하고 있다. 시진핑은 국가지도자로서는 처음으로 국가 거버넌스 시스템과 거버넌스 능력의 현대화를 통해 중국특색 사회주의를 발전시켜야 한다고 강조했다. 그리고 개혁의 원칙이 국민과 함께 하도록 '인심을 모으면 태산도 옮길 수 있다'는 말을 강조해 공감과 소통의 정치를 강조하고 있다. 더불어 중심은 흔들리지 않고 유연성을 발휘할 것을 강조했는데, 이는 사회주의 시장경제의 길을 견지하는 것이기도 하지만, 동시에 중국실정(国情)에 맞는 길을 선택하겠다는 의지의 표현이다. 마지막으로 체제의 자신감에 기초해 문화체제 개혁과 소프트파워를 강조하고 있다. 이것은 '평화로운 중국이 부상하고 있다'는 것을 국제사회에 알리기 위함이다.

『시진핑, 개혁을 심화하라』는 우리 사회에 만연해 있는 적폐를 해소하고 국가 대개조의 방향을 찾는 한국에도 많은 함의를 주고 있다. 한중 양국의 정상이 서로의 개혁의 방향, 목표, 입장을 비추어 보면서 공진(共进)의 방향을 찾을 수도 있을 것이다. 성균중국연구소는 2014년 시진핑 주석의 한국방문 소식을 접한 후 긴급하게 시진핑의 개혁의지와 방향에 공감하고 한국어판 번역을 시작하기로 결정했다. 우리는 이러한 출판과 번역을 통한 교류가 문화적 교량이라는 점을 굳게 믿고 있다. 한 달간 짧은 일정 속에서 번역과 교열 그리고 출판을 완료할 수 있었던 것은 성균관대 김준영 총장님의 전폭적인 지원과 성균중국연구소 소속 교수 및 연구원들의 헌신적인 노력의 결과이다.

그러나 한글로 옮기는 과정에서 많은 어려움이 있었다. 시진핑 주석이 국민과 소통하기 위해 사용한 다양한 중국식 비유는 그의 소탈한 면모를 볼 수 있었지만, 상대적으로 한국 독자에게 알리는 일은 그만큼 어려운 일이었다. 이를 위해 연구소의 중국인 연구원들과 함께 일일이 윤독하면서 뜻을 살리고 번역의 통일성을 기하고자 했다. 그럼에도 불구하고 남는 문제는 전적으로 성균중국연구소의 책임이다. 이 책이 시진핑 주석의 방한에 대한 작은 선물이자 중국의 변화를 '있는 그대로' 보고 소통하는 작은 계기가 되기를 기대한다. 국내외 독자 여러분의 아낌없는 질정(叱正)을 바란다.

성균관대학 동아시아학술원
성균중국연구소 소장
이 희 옥 삼가 씀

写于习近平"深化改革"发刊之际

第五代领导集体下的习近平体制在中共历史上具有历史性意义，因为在其任期(至2022年底)内，即2021年将迎来中国共产党建党100周年的历史时刻。中国因此正在不遗余力地追逐"中国梦"，为迎接建党100周年与建国100周年做准备。这一梦想的实质性内容应是"中华民族的伟大复兴"，而与世界步调统一的"世界梦"亦应是题中之义。

中国的现代史犹如一部起伏跌宕的电视剧。经过推翻殖民主义、封建主义与官僚资本主义三座大山的艰难历程而建立了中华人民共和国。国家建设的历史虽亦伴随着文化大革命和其他各种政治挫折，但每次历史关口中国总能选择正确的路线并克服危机。在此过程中最令人瞩目的当属造就今日之中国的、被誉为第二次革命的改革开放。邓小平"贫穷不是社会主义"一语，指出了政治未能解决基本温饱问题的局限性，且定下了百年不变的政策基调，而并非仅是一时之策略。

经过这样的思想解放之后，国家的大规模改造由此开始，中国社会开始充满"试一试"的生机与活力。正是得益于此，虽有亚洲金融危机和世界经济停滞等不利外部环境，中国仍得以在30年间维持年均9%的经济增长率。中国人日益自信，中国再次崛起。这是世界史上前所未有之盛事，而亦绝非偶然而成之"奇迹"。回顾过往之历程，可以说中国现代史上的"关键一招"正是改革开放的总体方针。

另一方面，中国在取得巨大经济成就的同时，在政治领域亦通过不断的实验与试验来巩固"中国特色"，且保持对"政治为谁而存在、政治之目的在于什么"的追问。遭遇困难时便重回改革开放之初心，此亦是获得如此成就

的背景。于是，在邓小平奠定的改革开放基石之上，先有"三个代表"重要思想使中国共产党从革命党转变为执政党，后有科学发展观试图实现向以人为本发展方式的大转换。流水不腐，户枢不蠹。这是中国重视变化、随时根据国情调整自身政策的结果。在"一切均会变化"、"新必胜旧"的日新月异的时代氛围下，与时俱进的认识与实践成就了今日之中国。

在这些已有成就的基础上，习近平主席引领下的第五代领导集体正在谋求另一些新的变化。但第五代领导集体面临着史无前例的新挑战。国际经济的全球化程度今非昔比，综合国力之竞争亦日趋激烈。不仅如此，在对外方面还需要有效应对美国的"亚洲再平衡"政策，并付诸努力实际构建亚洲新安全观。而最大的挑战则是消解过去改革开放三十年所留下的"积弊"。这是因为冰冻三尺非一日之寒，诸如既得利益、腐败和特权等消极现象并非一日之结果，而是在长期的改革开放过程中逐渐积累而成，以至根深蒂固。习近平主席亦意识到今天的改革进入了深水区。

因此，习近平主席强调仅通过一次改革行为是无法一劳永逸的，改革是一个持续不懈的过程，需要"明知山有虎，偏向虎山行"的勇气。中国的领导集体深知这些现象的消除断然无法一蹴而就，因此强调以身作则，进入了打长期战的改革过程。习近平主席亲临民生现场视察体验之事，让人印象深刻。在街头小店里买包子吃，在大街上乘坐出租车，都是要传达政治应深入民心的信念。政治应该使国民生活幸福。如果不改善民生，则任何政治都无法确保其正当性。就此而言，可谓民生即是最大的政治，亦是社会主义的本质含义。

为此，中国需要缩小城乡差距、贫富差距、地区差距、改善环境问题并增进人民福利。而且要克服国富民穷的现象，实现共同富裕。中国社会已经开始出现新变化和新作风。"问题在于变化与创新"，习近平领导集体的这种政治意志正在国民之间形成广泛的认同与共鸣。据说，改革之难更甚于革命。因为它只有进行时，而没有完成时。在维持现有秩序与体制的情况下扩大改革范围、深化改革幅度是一门政治艺术。习近平领导集体于2013年9月决定"全面深化改革"亦是对国内外期待的回应，同时也是改革如逆水行舟不进则退的危机意识的流露。即中国通过推进社会升级这一"创新型国家"计划，谋求崛起为国际社会之负责任一员。

本书是中共中央文献研究室编纂之《习近平关于全面深化改革论述摘编》的全译本，包括习近平主席自2012年11月15日就任中共中央总书记至2014年4月1日期间的讲话、演讲与指示等70多篇"重要文献"，共分12个专题，收入274段论述。此书主旨在于阐明改革开放是实现中华民族伟大复兴的"关键一招"。内容主要包括以下诸点。作为国家领导人，习近平首次提出要推进国家治理体系与治理能力的现代化，以发展中国特色社会主义，并强调改革原则是要与国民齐心协力，所谓"人心齐，泰山移"是也，强调认同和沟通。习主席又强调在坚持原则与方向不动摇的同时要发挥灵活性，这既是对社会主义市场经济道路的坚持，亦是要选择符合中国国情之路的意志的表达。最后还强调要以体制自信为基础，来推进文化体制改革、培育软实力。这是为了向全世界宣示"中国正在和平崛起"这一事实。

韩国社会最近亦暴露出诸多积弊，如何消解这些积弊并找到国家全面改

造之方向，整个韩国社会蔓延着人心思变的氛围，就此而言，习近平之"改革"对韩国亦有诸多启发。韩中两国领导人通过相互借鉴改革的方向、目标与立场，也许能够找到携手共进的方向。成均馆大学成均中国研究所在听闻习近平主席将对韩国进行访问的消息后，出于对习近平改革意志与方向的认同，紧急决定翻译出版该书的韩文版。我们坚信出版与翻译是文化交流的桥梁。一个月之内能够完成该书的翻译、校订与发行工作，这与成均馆大学金峻永校长的全力支持和成均中国研究所成员宵衣旰食的努力密不可分。需要一提的是，此书包含习近平主席与普通民众沟通时使用的各种中国式话语和比喻，充分展现了他不拘一格的洒脱风貌，但在将其译成韩文的过程中，如何最大程度地传达原文趣味，却费了译者不少力气。为了保证译文统一性、提高译文质量，在翻译过程中与中国学者一起对疑难之处进行了一一核校、润色。尽管如此，或许仍有未尽人意之处，成均中国研究所将承担所有责任。此书是对习近平主席访韩的微薄献礼，希望它能够成为读者实事求是地了解中国正在发生之变化的宝贵契机。期待国内外读者的批评指正。

成均馆大学东亚学术院
成均中国研究所所长
李 熙 玉 谨记

중국공산당 제18차 전국대표대회(18대) 이후 시진핑 동지는 전면적 개혁심화, 개방확대와 관련해 일련의 중요한 발언을 했다. 이러한 발언은 높고 원대한 구상과 풍부한 내용을 담고 있어 우리가 전면적 개혁심화의 역사적 필연성과 현실적 긴박성을 깊이 이해하고, 전면적 개혁심화의 중요성과 어려움을 충분히 인식하며, 전면적 개혁심화의 내재적 규칙과 중점 임무를 체계적으로 파악하는 데에 있어 중요한 정치적·이론적·실천적 지도의 의미를 가지고 있다. 우리는 많은 간부들이 시진핑 동지의 전면적 개혁심화 관련 중요한 발언을 종합적이며 체계적으로 학습·이해·터득하는 데 도움을 주고 18차 3중전회 정신을 실천하기 위해 『시진핑의 전면적 개혁심화에 관한 언설 발췌본』을 펴냈다. 이 책은 2012년 11월 15일부터 2014년 4월 1일까지 시진핑 동지의 연설(讲话), 강연(演讲), 서면 의견(批示), 지시(指示) 등 70여 편의 중요한 문헌에서 발췌한 내용을 12개 주제로 분류한 것으로 총 274개 단락으로 구성되어 있다. 이 가운데 일부는 이 책에서 처음으로 공개되는 것이다.

중공중앙문헌연구실
2014년 4월

시
진
핑,
개혁을
심화하라

01

개혁개방:
중화민족의 위대한 부흥을
실현하는 결정적인 한 수
(改革开放是实现中华民族伟大复兴的关键一招)

개혁개방: 중화민족의 위대한 부흥을 실현하는 결정적인 한 수
(改革开放是实现中华民族伟大复兴的关键一招)

개혁개방은 중국공산당이 새로운 역사조건에서 인민을 영도하여 추진한 새로운 위대한 혁명이며 당대 중국의 운명을 결정짓는 중요한 선택이었다. 중국특색 사회주의가 활발한 생명력을 지니고 있는 것은 개혁개방의 사회주의를 실행했기 때문이다. 지난 30여 년 동안 중국은 개혁개방에 의지하여 빠르게 발전했다. 앞으로도 중국은 확고하게 개혁개방에 의지하여 발전해야 한다. 오직 개혁개방만이 중국, 사회주의, 마르크스주의를 발전시킬 수 있다. 중국특색 사회주의는 개혁개방 속에서 탄생했으며, 반드시 개혁개방 속에서 발전하고 성장해야 한다.

「당의 18대 정신을 전면적으로 관철·실행하려면 6가지 방면의 업무를 훌륭하게 수행해야
한다」(2012년 11월 15일), 『구시(求是)』 2013년 제1기

개혁개방은 중국특색 사회주의를 견지하고 발전시키는 데에 반드시 거쳐야 하는 길이다. 따라서 국가통치(治国理政)의 모든 측면에서 항상 개혁·혁신 정신을 관철시켜야 하며, 중국 사회주의제도의 자체 개선과 발전을 지속적으로 추진해야 한다.

「중국특색 사회주의를 견지·발전시키는 학습·선전을 중심으로 당의 18대 정신을 관철시키
자」(2012년 11월 17일), 『인민일보(人民日报)』(2012년 11월 19일)

오직 사회주의만이 중국을 구할 수 있다. 오직 개혁개방만이 중국, 사회주의, 마르크스주의를 발전시킬 수 있다. 이러한 중대한 판단을 지난 30여 년간 중국 개혁발전의 역정과 결합하면 더욱 명확하게 알 수 있다. 지난 1970년대 말 10년 내란 이후의 중국에서는 경제가 파국으로 내달아 인민들이 먹고사는 것(溫飽)조차 문제가 되었다. 이러한 엄준한 정세에 직면하여 덩샤오핑 동지는 한마디로 정곡을 찌르면서 "만약 지금이라도 개혁을 실행하지 않으면 우리의 현대화 사업과 사회주의사업은 망치게 될 것이다"라고 했다. 어리석은 사람을 일깨워 주었다!

「광둥(广东) 시찰업무에서의 연설」(2012년 12월 7-11일)

만약 덩샤오핑 동지가 중국공산당을 지도하여 개혁개방의 역사적 정책결정을 하지 않았더라면 오늘날 중국의 발전의 성과는 상상할 수 없었을 것이다. 우리는 개혁개방은 중국공산당 역사상 위대한 각성이며 이러한 위대한 각성은 신시기(개혁개방 이후)의 이론에서 실천에 이르는 위대한 창조를 배태했다고 말할 수 있다. 중국발전의 실천은 당시 덩샤오핑 동지가 중국공산당을 지도·수행했던 개혁개방의 정책결정이 탁월하고 정확했다는 것을 증명해 주었다. 덩샤오핑 동지는 중국 개혁개방의 총설계사이며, 중국특색 사회주의 길의 개척자라고 할 만하다. 이후 우리는 이 올바른 길을 견지해야 한다. 이것은 강국의 길이자 부민(富民)의 길이다. 우리는 이 길을 흔들림 없이 계속 나아가야 하며 새로운 실천을 통해 새로운 수준에 올라야 한다.

「광둥 시찰업무에서의 연설」(2012년 12월 7-11일)

개혁개방은 당대 중국의 발전과 진보의 활력원이다. 중국공산당과 인민이 큰 걸음으로 시대에 발맞추어 앞으로 나아가는 중요한 특효법(法宝)이며 중국특색 사회주의를 견지 · 발전하는 데에 반드시 거쳐야 할 길이다.

「광둥 시찰업무에서의 연설」(2012년 12월 7-11일)

개혁개방이 없었다면 당대 중국의 발전과 진보는 없었을 것이다. 개혁개방은 중국, 사회주의, 마르크스주의를 발전시키는 강력한 동력이다. 지금 중국이 진일보 발전하는 데에 직면한 일련의 두드러진 모순과 도전을 해결하기 위해서는 반드시 개혁개방을 심화시켜야 한다. 개혁개방은 당대 중국의 운명을 좌우하는 결정적인 한 수이다. 또한 '두 개의 백년' *이라는 목표와 중화민족의 위대한 부흥을 실현하는 결정적인 한 수이다. 덩샤오핑 동지는 일찍이 1980년대에 "개혁의 의의는 다음 10년과 다음 세기의 전반 50년을 위해 좋은 지속적 발전의 기초를 다지는 것이다. 개혁이 없으면 이후의 지속적인 발전도 없다. 따라서 개혁은 3년, 5년을 내다보는 것이 아닌 20년, 다음 세기 전반 50년을 내다보아야 한다. 이 일은 반드시 계속 해 나가야 한다"고 말했다. 덩샤오핑 동지는 멀리 내다보고 깊이 생각했다. 이것은 중국공산당의 개혁개방은 어렵고 힘든 장기적 사업이며 반드시 여러 세대에 걸쳐 이루어 나가야 하는 사업이란 것을 일찍부터 예측했다는 사실을 설명해 준다.

「18기 중앙정치국 제2차 집체학습에서의 연설」(2012년 12월 31일)

---

* 중국공산당 창당 100주년인 2021년에 전면적 소강사회 완성을 실현하고, 중화인민공화국 건국 100주년인 2049년에 중화민족의 위대한 부흥을 실현한다는 것.

중국특색 사회주의는 시대와 함께 전진하는(与时俱进) 사업이다. 이러한 의의에서 보면 개혁개방은 오직 진행형만 있을 뿐 완료형은 없다. 개혁개방이 없으면 중국의 오늘도 없고 내일도 없다. 현재 개혁개방을 추진하는 데에 더욱 견실한 기초가 생겼다. 그러나 개혁개방이 더욱 깊은 곳으로 전진할수록, 발전과정의 문제와 발전 이후의 문제, 일반적인 모순과 심층적 모순, 달성할 임무와 새로 제기된 임무가 뒤섞여 복잡하게 얽히게 된다. 개혁개방에 나타나는 모순은 오직 개혁개방의 방법으로 해결할 수 있다.

「18기 중앙정치국 제2차 집체학습에서의 연설」(2012년 12월 31일)

개혁개방은 중국공산당이 새로운 역사적 조건에서 인민을 이끌어 수행한 새로운 위대한 혁명이다. 이 위대한 혁명은 중국공산당 11기 3중전회부터 지금까지 35년이라는 매우 비범한 역정을 거쳤다. 개혁개방은 당대 중국 발전과 진보의 활력원이고, 중국공산당과 인민사업이 큰 걸음으로 시대에 맞춰나가는 중요한 특효법이며, 대세의 흐름이고 민심이 지향하는 바이다. 답보와 후퇴는 출로가 없다는 것이 사실로 입증되었다.

「우한(武汉)에서 개최한 일부 성시(省市) 책임자 좌담회에서의 연설」(2013년 7월 23일),
『인민일보』(2013년 7월 25일)

중국공산당 제18차 전국대표대회가 그린 전면적인 소강사회 건설을 완성하고 사회주의 현대화의 가속을 추진하며 중화민족 위대한 부흥의 웅대한 청사진을 실현하려면 전면적 개혁심화가 필요하다. 중국특색 사회주의를 견지·발전시키고 중국특색 사회주의제도의 자체 개선과 발전을 지속적으로 추진하며, 사회생산력을 한 걸음 더 해방·발전시키고 전 사회의 창조적 활력을 지속적으로 충분히 분출시키려면 전면적 개혁심화가 필요하다. 중국의 발전이 직면한 일련의 두드러진 모순과 문제를 해결하고, 경제사회에서 지속적으로 건강한 발전을 이룩하며 지속적으로 인민의 생활을 개선하려면 전면적 개혁심화가 필요하다.

「중공중앙이 개최한 당외(党外)인사 좌담회에서의 연설」(2013년 9월 17일),
『인민일보』(2013년 7월 25일)

60여 년 전 중국공산당은 오랜 기간 인민이 험난하고 탁월한 투쟁을 거쳐 신중국을 건립하도록 이끌었다. 30여 년 전 중국공산당은 인민을 이끌고 개혁개방을 시작했다. 이 두 가지는 중화민족의 위대한 부흥의 역사적 이행을 크게 가속시켰다.

「전국총공회(全国总工会) 신지도부 구성원과의 집단간담회에서의 연설」(2012년 10월 23일)

중국공산당의 11기 3중전회에서 당과 국가의 업무중심을 경제건설로 옮겨 개혁개방이라는 역사적 정책결정을 실행한 지 이미 35년이 되었다. 중국 인민의 모습, 사회주의 중국의 모습, 중국공산당의 모습이 이처럼 크게 변화하고 중국이 국제사회에서 중대한 영향력을 발휘하는 위상을 세울 수 있었던 것은 개혁개방을 확고하게 끊임없이 추진했기 때문이다.

「'중공중앙 전면 개혁심화의 약간의 중대 문제에 관한 결정'에 대한 설명」(2013년 11월 9일),
『인민일보』(2013년 11월 16일)

현재 국내외 환경에 매우 폭넓고 중대한 변화가 일어나 중국의 발전은 일련의 두드러진 모순과 도전에 직면해 있으며, 앞으로 나아갈 길에도 적지 않은 어려움과 문제가 있다. 예컨대 발전과정에 나타난 불균형·부조화·지속 불가능의 문제가 여전히 두드러지며, 과학기술의 혁신능력의 부족, 불합리한 산업구조, 여전히 무계획적(粗放)인 발전방식, 도농지역의 발전격차, 주민소득분배 격차가 여전히 크다. 사회모순은 현저히 증가하고 있으며, 교육, 취업, 사회보장, 의료, 주택, 생태환경, 식품약품 안전, 안전생산, 사회치안, 사법·경찰(执法) 등 국민의 절실한 이익과 관계된 문제가 많으며, 일부 국민의 생활이 어렵다. 형식주의, 관료주의, 향락주의와 사치퇴폐풍조 문제가 두드러지며, 일부 영역에서 부정적이고 부패한 현상이 빈번하고 쉽게 발생하고 있다. 반부패투쟁의 상황은 여전히 심각하다. 이러한 문제들을 해결하는 관건은 개혁심화에 있다.

「'중공중앙 전면 개혁심화의 약간의 중대 문제에 관한 결정'에 대한 설명」(2013년 11월 9일),
『인민일보』(2013년 11월 16일)

개혁개방 이후 역대 3중전회는 모두 개혁심화의 문제를 연구·논의했으며, 하나의 중요한 신호를 쏘아 올렸다. 즉 중국공산당이 확고하게 개혁개방의 기치를 높이 들고 확고하게 당의 11기 3중전회 이후의 이론과 노선방침정책을 견지하는 것이다. 결론적으로 새로운 역사조건에서 어떠한 기치를 들고 어떠한 길을 갈 것인가 하는 질문에 대답해야 한다.

「'중공중앙 전면 개혁심화의 약간의 중대 문제에 관한 결정'에 대한 설명」(2013년 11월 9일),
『인민일보』(2013년 11월 16일)

당의 18기 3중전회는 전면적 개혁심화를 주요의제로 삼았다. 이것은 중국공산당이 덩샤오핑 이론, '3개 대표' 중요사상, 과학발전관을 지도사상으로 삼아 새로운 정세에서 확고하게 당의 기본노선·기본강령·기본경험·기본요구를 관철하고, 개혁개방의 기치를 높이 든다는 중요한 표명이며 체현이다.

「'중공중앙 전면 개혁심화의 약간의 중대 문제에 관한 결정' 에 대한 설명」(2013년 11월 9일),

『인민일보』(2013년 11월 16일)

우리 중국공산당이 혁명을 하고 건설을 하며 개혁을 틀어쥐는 것은 항상 중국의 현실문제를 해결하기 위한 것이다. 개혁은 바로 이러한 문제 속에서 생겨났으며 끊임없이 문제를 해결하는 고정에서 개혁이 심화된다.

「'중공중앙 전면 개혁심화의 약간의 중대 문제에 관한 결정' 에 대한 설명」(2013년 11월 9일),

『인민일보』(2013년 11월 16일)

35년 이래 우리는 개혁의 방법으로 당과 국가사업 발전과정 중 일련의 문제를 해결했다. 한편, 세계를 인식·개조하는 과정에서 옛 문제는 해결됐지만 새로운 문제는 다시 생겨날 것이다. 이처럼 제도는 항상 끊임없는 개선이 필요하다. 따라서 개혁은 단번에 이루어지지 않고, 한 번 고생으로 영원히 편안해 질 수 없다(一勞永逸).

「'중공중앙 전면 개혁심화의 약간의 중대 문제에 관한 결정' 에 대한 설명」(2013년 11월 9일),

『인민일보』(2013년 11월 16일)

개혁개방은 중국공산당이 새로운 시대조건에서 인민을 이끌고 수행한 새로운 위대한 혁명이다. 또한 당대 중국의 가장 선명한 특색이며 중국공산당의 가장 선명한 기치이다. 35년 동안 중국공산당이 무엇으로 민심을 고취시키고 사상을 통일하며 역량을 응집시킬 수 있었는가. 무엇으로 전체 인민의 창조정신과 창조활력을 불러일으킬 수 있었는가. 무엇으로 중국경제사회의 고속발전을 실현하고 사본주의 경쟁에서 비교우위를 점할 수 있었는가. 그것은 바로 개혁개방이다.

「'중공중앙 전면 개혁심화의 약간의 중대 문제에 관한 결정' 에 대한 설명」(2013년 11월 9일),
『인민일보』(2013년 11월 16일)

현재 개혁개방의 문제는 당내외와 국내외가 주목하고 있으며 전체 공산당과 사회 각계에서 높은 기대를 걸고 있다. 개혁개방은 새로운 중요한 단계에 접어들었다. 우리는 개혁개방에서 추호의 동요도 없어야 하고 개혁개방의 기치를 지속적으로 높이 들어야 한다. 중국특색 사회주의 노선의 정확한 방향을 확고하게 견지해야 한다.

「'중공중앙 전면 개혁심화의 약간의 중대 문제에 관한 결정' 에 대한 설명」(2013년 11월 9일),
『인민일보』(2013년 11월 16일)

개혁개방은 중국공산당이 새로운 시대조건에서 인민을 이끌고 수행한 새로운 위대한 혁명이다. 중국공산당 11기 3중전회 개최와 35년간의 실천은, 개혁개방이란 당과 인민사업이 큰 걸음으로 시대에 맞춰나가는 중요한 특효법이며 당과 국가의 생기와 활력을 유지하는 데 관건임을 입증해 주었다. 개혁개방은 당대 중국의 가장 선명한 특색이며 당대 중국공산당의 가장 선명한 품격이다.

「중공 18기 3중전회 제2차 전체회의에서의 연설」(2013년 11월 12일)

전면적 개혁심화는 당과 인민사업의 미래와 운명에 관계가 있으며, 당의 집권기초와 집권지위에 관련된다. 전체 사회주의 현대화 과정에서 우리는 개혁개방의 기치를 높이 들어야 하며 추호의 동요도 결코 있어서는 안 된다.

개혁개방 이후의 역정을 되돌아보면 매번 중대한 개혁은 당과 국가발전에 새로운 활력을 불어넣었으며, 사업이 전진할 수 있는 강력한 동력을 더해 주었다. 당과 인민사업은 끊임없는 개혁심화 속에서 파도처럼 앞으로 나아갔으며, 개혁이 실험(視点)형에서 보급형으로 확대되고 부분에서 전체로 추진되는 가운데 끊임없이 발전됐다. 개혁개방이 없었더라면 오늘날 우리에게 이처럼 훌륭한 국면을 맞이하지는 못했을 것이다.

35년 개혁개방의 가장 주요한 성과는 중국특색 사회주의를 개척하고 발전시켜 사회주의 현대화 건설에 강한 동력과 유력한 보장을 제공한 것이다. 개혁은 하나의 국가, 하나의 민족이 생존하고 발전하는 길이다. 미래와 마주할 때, 발전 가운데 직면한 어려움을 해결하고 각 방면의 위험과 도전을 해결해야 하며 경제사회가 건강한 발전을 지속할 수 있도록 추동해야 하는데, (여기에는) 개혁개방의 심화 외에는 다른 방법이 없다.

세계를 조망해 보면 변혁은 대추세이고 민심이 지향하는 바이며 도도한 역사의 흐름이다. 이를 따르면 번창하고 이를 거스르면 망한다. 이처럼 유례없는 위대한 사업을 이끌어 나가는 데 있어 경직된 사상과 안주하는 태도는 절대 금물이다. 우리는 개혁발전으로 얻은 성과와 칭찬으로 자만해서는 안 될 것이며, 앞 사람의 공적에 만족하여 나태해서는 더욱 안 될 것이다.

「중공 18기 3중전회 제2차 전체회의에서의 연설」(2013년 11월 12일)

사회적 존재가 사회적 의식을 결정한다. 중국공산당이 현 단계에서 제시하고 실시한 이론·노선방침·정책이 정확했던 이유는 그것이 현시대의 사회적 존재를 기반으로 하고 있기 때문이다. 당의 18기 3중전회에서 중국의 전면적 개혁심화에 대한 총체적 배치가 이루어졌다. 이것은 현재 중국의 사회적 존재에서 출발한 것이고, 현재 중국의 사회물질적 조건의 총화 속에서 출발한 것이다. 즉 중국의 기본 국정(国情)과 발전의 요구에서 출발한 것이다.

「18기 중앙정치국 제11차 집체학습에서의 연설」(2013년 12월 3일)

새로운 역사의 기점에서 우리의 사업은 숭고하고 신성하며 우리의 책임은 중대하나 영광스럽다. 중화민족의 위대한 부흥을 실현하려면 우리는 확고하게 개혁개방을 추진해야 한다. 개혁개방이 없었으면 중국의 오늘도 없었다. 개혁개방을 떠나서는 중국의 내일은 없다. 당의 18기 3중전회에서 전면적 개혁심화의 새로운 나팔을 울렸다. 우리는 개혁개방의 규칙성에 대한 인식을 끊임없이 심화시키며 용감하게 어려움과 난관을 극복하고 난제를 적극적으로 해결해야 한다. 각 영역의 체제와 메커니즘의 폐단을 단호하게 척결하고 중국특색사회주의의 더욱 넓은 미래를 힘써 개척해야 한다.

「마오쩌둥 동지 탄생 120주년 기념 좌담회에서의 연설」(2013년 12월 26일), 『인민일보』(2013년 12월 27일)

1978년 중국 11기 3중전회는 중국 개혁개방의 장을 열었다. 이제 지난 35년 동안 전세계가 주목하는 성취를 거두었다. 그러나 우리는 앞으로 지속적으로 전진해야 한다. 우리는 '두개의 100년'이란 목표를 제시했다. 오늘날 우리는 급속한 경제글로벌화와 치열한 종합국력 경쟁, 복잡다변한 국제정세 속에 놓여있다. 중국이 기회를 잡아 도전에 대응하고 더욱 새로운 발전을 실현하려면 근본적으로는 개혁개방에 여전히 의존해야 한다. 치열한 국제경쟁 속에서 전진하는 것은 마치 물을 거슬러 배를 운행하는 것처럼 앞으로 나아가지 못하면 뒤로 밀리게 된다(逆水行舟, 不进则退).

「러시아 소치에서 러시아 TV방송국과의 인터뷰」(2014년 2월 7일),

『인민일보』(2014년 2월 9일)

우리의 선조는 일찍이 '하늘의 운행이 튼튼한 것처럼 군자도 스스로 강하여 쉬지 않는다(天行健, 君子以自强不息)'*는 사상을 제시하고 '진실로 하루가 새로워지려면 나날이 새롭게 하고 또 날로 새롭게 하라(苟日新, 日日新, 又日新)'**고 강조했다. 치열한 국제경쟁에서 전진하는 것은 마치 물을 거슬러 배를 운행하는 것처럼 앞으로 나아가지 못하면 뒤로 밀리게 된다. 개혁은 문제를 해결하기 위해 강하게 요구되었고 끊임없는 문제해결 속에서 개혁이 심화된다. 우리는 개혁개방에는 오직 진행형만 있을 뿐 완성형은 없다고 강조하고 있다. 중국은 이미 '개혁의 심수구(深水区)'에 접어들었기 때문에 해야 할 것들은 모두 어렵고 힘든 과제들이다. 이 때 '위험한 줄 알면서도 이를 무릅쓰고 나아가는(明知山有虎, 偏向虎山行)' 용기가 필요하다. 끊임없이 개혁을 앞으로 밀고 나가야 한다.

「벨기에 브뤼헤(Bruges) 유럽대학(College of Europe)에서의 연설」(2014년 4월 1일),

『인민일보』(2014년 4월 2일)

---

* 『周易·乾卦』　　**『大学·传二章』

02

개혁개방의 방향,
입장, 그리고 원칙
(改革开放是有方向、有立场、有原则的)

개혁개방의 방향, 입장, 그리고 원칙
(改革开放是有方向、有立场、有原则的)

우리의 개혁개방에는 방향, 입장, 원칙이 있다. 우리는 당연히 개혁의 기치를 높이 들어야 한다. 그러나 우리의 개혁은 중국특색 사회주의의 길에서 끊임없이 전진하는 개혁이며, 폐쇄되고 경직된 낡은 길을 가지 않고 깃발을 바꾸는 잘못된 길도 가지 않는 것이다.

「광둥시찰업무에서의 연설」(2012년 12월 7-11일)

개혁개방은 중대한 혁명으로서 정확한 방향을 견지해야 하며 정확한 길을 따라 나가야 한다. 방향은 그 길을 결정하고 그 길은 운명을 결정한다. 중국의 개혁개방이 큰 성공을 거둘 수 있었던 가장 중요한 이유는, 우리가 당의 기본노선을 당과 국가의 생명선으로 삼아 항상 '하나의 중심'인 경제건설을 중심으로 4항(项)기본원칙과 개혁개방이라는 '두 개의 기본점' *을 중국특색 사회주의의 위대한 실천에서 통일시켰기 때문이다. 또한 폐쇄되고 경직된 낡은 길을 가지 않으며, 깃발을 바꾸는 잘못된 길도 가지 않았기 때문이다.

「18기 중앙정치국 제2차 집체학습에서의 연설」(2012년 12월 31일)

---

* '하나의 중심(一个中心)'과 '두 개의 기본점(兩个基本点)'은 중국공산당 기본 노선의 핵심 내용으로, '하나의 중심'은 경제건설, '두 개의 기본점'은 4항 기본원칙과 개혁개방을 말한다. 4항 기본원칙은 1979년 3월 30일 덩샤오핑이 이론공작회의에서 제기한 것으로 중국공산당이 개혁개방 추진과 동시에 반드시 견지해야 하는 것으로서 사회주의, 프롤레타리아독재(인민민주독재), 공산당 영도, 마르크스·레닌주의 등의 네 가지 원칙을 말한다.

모호하게 중국개혁이 어떤 방면에서 뒤쳐져 있다고 말하면 안 된다. 어떤 방면, 어떤 시기에서는 다소 빠르거나 더딜 수 있다. 그러나 전체적으로 보면, '중국개혁에서 어떤 방면은 바꾸었지만 어떤 방면은 바꾸지 않았다'는 문제는 존재하지 않는다. 문제의 본질은 무엇을 바꾸고 '무엇을 바꾸지 않느냐' 하는 것이다. 어떤 것은 바꿀 수 없는 것들이며, 이것들은 아무리 시간이 지나도 바꾸지 않을 것이다. 우리는 맹목적으로 다른 사람을 모방하여 자신의 본 모습도 잃어버리면 안 된다. 세계는 발전하고 있고 사회도 발전하고 있다. 개혁개방을 시행하지 않으면 죽음의 길에 이를 뿐이며, 사회주의 방향의 '개혁개방'을 부정하는 것도 죽음의 길에 이를 뿐이다. 방향문제에 있어서 우리의 머리는 맑게 깨어 있어야 한다. 우리의 방향은 사회주의제도의 자체 개선과 발전을 끊임없이 추동하는 것이지 사회주의제도를 변경하는 것이 아니다. 우리는 4항 기본원칙이라는 건국의 근본을 견지해야 한다. 4항 기본원칙으로서 개혁개방의 정확한 방향을 보장하며, 개혁개방이 4항 기본원칙에 부여한 새로운 시대적 함의로써 여러 장애를 제거하고 확고하게 중국특색 사회주의노선을 가야한다.

「18기 중앙정치국 제2차 집체학습에서의 연설」(2012년 12월 31일)

우리가 말하는 중국특색 사회주의는 사회주의이다. 그것은 곧 어떻게 개혁하고 개방하든지 간에 항상 중국특색사회주의 노선, 중국특색 사회주의 이론체계, 중국특색 사회주의 제도를 견지하며 당의 18차 전국대표대회에서 제시된 중국특색 사회주의의 새로운 승리를 쟁취하는 기본 요구를 견지하는 것이다.

「신진 중앙위원회 위원, 후보위원의 당의 18대 정신 학습 · 관철 연구토론반에서의 연설」
(2013년 1월 5일)

새로운 정세, 새로운 임무, 새로운 요구에 직면하여 전면적 개혁심화의 관건은, 공정경쟁의 발전환경을 한층 더 조성하고 경제사회의 발전활력을 한층 더 강화하며, 정부의 효율과 효능을 한층 더 높이고 사회의 조화와 안정을 한층 더 촉진하며, 당의 영도 수준과 집정능력을 한층 더 높이는 것이다.

「'중공중앙 전면 개혁심화의 약간의 중대 문제에 관한 결정'에 대한 설명」(2013년 11월 9일),

『인민일보』(2013년 11월 16일)

사상을 한 걸음 더 해방하고 사회생산력을 한 걸음 더 해방·발전시키며, 사회활력을 한 걸음 더 해방·강화시킨다. 18기 3중전회에서 제시한 이 '세 가지의 한 걸음 더(三个进一步) 해방'은 개혁의 목표인 동시에 개혁의 조건이다. 사상의 해방은 (여기에서) 전제이며 사회생산력의 해방·발전과 사회활력의 해방·강화의 가장 중요한 관건이다. 사상해방이 없었으면 중국공산당은 10년 동란이 끝난 직후 당과 국가사업의 중심을 경제건설로 옮겨올 수 없었고 개혁개방의 역사적 정책결정을 수행할 수 없었으며, 중국발전의 역사적 새 장을 열 수 없었을 것이다. 사상해방이 없었으면 중국공산당이 끊임없는 이론혁신과 실천혁신을 통해 효율적으로 앞길에 놓인 여러 위험·도전을 해결하고 개혁개방을 지속적으로 추진하여 시대를 항상 앞장설 수 없었을 것이다. 사회생산력의 해방·발전과 사회활력의 해방·강화는 사상해방의 필연적인 결과이며 사상해방의 중요한 기초이다.

「실질적으로 사상을 당의 18기 3중전회 정신으로 통일시키자」(2013년 11월 12일),

『구시』 2014년 제1기

전면적 소강사회 건설완성, 사회주의 현대화 실현, 중화민족의 위대한 부흥 실현에서 가장 근본적이고 긴박한 과제는 사회생산력을 한 걸음 더 해방시키는 것이다. 사상을 해방하고, 사회활력을 해방·강화하는 것은 사회생산력을 더욱 쉽게 해방·발전시키기 위한 것이다. 덩샤오핑 동지는 혁명이 생산력의 해방이고 개혁 또한 생산력의 해방이라고 했다. 또한 "사회주의 기본제도가 확립돼도 근본적으로 생산력 발전을 속박하는 경제체제를 변화시켜야 하며, 생기와 활력이 충만한 사회주의 경제체제를 건립하여 생산력의 발전을 촉진시켜야 한다"고 했다. 우리는 개혁심화를 통해 모든 노동, 지식, 기술, 관리, 자본 등 요소의 활력들이 앞 다투어 발산하여 모든 사회적 부를 창출하는 원천이 끊임없이 샘솟게 해야 한다. 이와 동시에 활력과 질서의 관계를 잘 처리해야 한다. 사회발전에는 활력이 충만해야 하지만, 이러한 활력에는 질서 있는 활동이 필요하다. 가득 고인 연못의 물처럼 되어서도 안 되지만, 암류(暗流)가 용솟음치는 것처럼 되어서도 안 된다.

「실질적으로 사상을 당의 18기 3중전회 정신으로 통일시키자」(2013년 11월 12일),
『구시』 2014년 제1기

우리는 '사회주의의 길, 이론, 제도에 대한 이른바 세 가지 자신감(三个自信)을 군건히 해야 한다'고 말한다. 또한 '반석처럼 확고한 정신적·신앙적 역량이 있어야 하고 이러한 정신적·신앙적 역량을 지탱하는 강한 물질적 역량도 있어야 한다'고 말한다. 이러한 것들은 끊임없는 개혁과 혁신에 의지해야 한다. 이를 통해 중국특색 사회주의 사회생산력을 해방·발전시키고, 사회활력을 해방·강화시키며, 인간의 전면적인 발전에서 자본주의제도보다 더욱 효율적이 되도록 촉진하고 전 인민의 적극성·능동성·창조성을 더욱 활성화시킬 수 있어야 하며, 경쟁 속에서 비교우위를 점할 수 있도록 해야 한다. 중국특색 사회주의 제도의 우월성을 충분히 체현해 내야 한다.

「실질적으로 사상을 당의 18기 3중전회 정신으로 통일시키자」(2013년 11월 12일),

『구시』 2014년 제1기

개혁을 추진하는 목적은 끊임없이 중국 사회주의 제도의 자체 개선과 발전을 추진하여 사회주의의 새로운 생기와 활력을 주기 위한 것이다. 여기에서 가장 핵심적인 것은 당의 영도와 중국특색 사회주의 제도를 견지·개선하는 것이다. 이 점에서 벗어나면 목적과 정반대되는 방향으로 행동하는 것이다.

「중공 18기 3중전회 제2차 전체회의에서의 연설」(2013년 11월 12일)

35년간의 개혁역정은 그다지 순조롭지는 않았으며 우여곡절도 있었다. 그러나 정확한 방향과 적절한 관리로 문제가 발생해도 제때 바로잡을 수 있었고 역사적인 성취도 거두었다. 현재 중국의 개혁은 매우 복잡한 국내적·국제적 환경에 직면해 있으며, 각종 사상관념과 이익요구가 서로 격돌하고 있다. 복잡한 사물현상 속에서 개혁의 맥을 정확히 짚고 의견이 분분한 가운데서도 올바르게 개혁의 처방을 내놓아야 한다. 강력한 전략적 의지(戰略定力)가 없으면 안 된다.

「중공 18기 3중전회 제2차 전체회의에서의 연설」(2013년 11월 12일)

사회에는 우리가 깊이 생각할 만한 많은 의견과 건의가 있다. 그러나 어떤 의견과 건의는 극단에 치우치기도 한다. 적대세력과 다른 속셈이 있는 자들도 가세하여 여론을 조장하고 개혁의 정의를 서구 정치제도 쪽으로 바꾸어 그 기준에 부합하지 않으면 개혁이 아니라고 말한다. 취옹의 뜻이 술에 있는 것이 아니고(醉翁之意不在酒) "항장(項庄)이 검무를 추는 속셈도 유방(刘邦)을 죽이는 데 있다(項庄舞劍, 意在沛公)."* 우리는 이를 명확하게 파악해야 하며, 확고한 정치적 입장을 유지하고 정치적 위상을 명확히 해야 한다.

「중공 18기 3중전회 제2차 전체회의에서의 연설」(2013년 11월 12일)

"나라를 다스리는 사람은 원형과 사각형이 그 규격을 벗어나지 않아야 하고, 근본이 그 말단을 잃지 않아야 하듯이 정치가 도리에 어긋나지 않아야 만사를 이룰 수 있으며 그 공도 유지할 수 있다(治国者, 圆不失規, 方不失矩, 本不失末, 为政不失其道, 万事可成, 其功可保)."** 복잡한 정세와 각종 위험·시험에 직면하여 우리는 과감한 용기와 돌파력이 있어야 한다. 항상 나를 중심으로 삼아 바꾸어야 하고 바꿀 수 있는 것은 단호하게 바꾸고, 바꾸지 말아야 할 것은 단호하게 지켜야 한다. 바꾸어야 하지만 조건이 갖추어져 있지 않은 경우에는 조건을 만들어 바꾼다. 빨리 해야 할 것은 빨리 하고 빨리 할 수 없는 것은 순차적으로 한다. 문제를 정확히 파악한 개혁은 결의를 세우고 추진해야 하며 조속한 성과를 얻을 수 있도록 힘써야 한다.

「중공 18기 3중전회 제2차 전체회의에서의 연설」(2013년 11월 12일)

---

* 한(汉)고조 유방(劉邦)이 초패왕 항우(項羽)가 베푸는 홍문연(鴻门宴)에 갔을 때, 항우의 모사인 범증(范增)이 항우의 무장인 항장에게 검무를 추는 척하면서 유방을 찔러 죽이게 했다. 유방의 모사인 장량(張良)이 범증의 의도를 간파하고 유방의 무장인 번쾌(樊哙)에게 "지금 항장이 검을 뽑아 검무를 추는 의도는 패공(유방)을 죽이는 데 있다."라고 말한 것에서 유래한다(『史记·項羽本纪』).

** 诸葛亮, 『便宜十六策·治乱第二十』.

중국공산당이 지도한 개혁은 처음부터 전면적인 개혁이었다. 문제의 본질은 무엇은 바꾸고 무엇은 바꾸지 않는 것이다. 바꿀 수 없는 어떤 것들은 아무리 시간이 지나도 바꾸지 않을 것인데 이것을 두고 개혁하지 않는다고 말할 수 없다. 우리는 끊임없이 개혁을 추진하지만, 이것은 당과 인민사업이 더욱 잘 발전할 수 있도록 하는 것이지 어떤 사람들의 '박수'에 영합하기 위한 것은 아니다. 서구의 이론·관점을 억지로 중국에 적용할 수는 없다. 중국의 상황, 실제 경제사회발전에서 출발해야 하며, 당의 영도와 절차에 따라 개혁해야 한다. 선정(煽情)주의나 실효 없이 형식만 중시해서는 안 된다. 항상 개혁개방의 정확한 방향을 견지해야 한다.

「중공 18기 3중전회 제2차 전체회의에서의 연설」(2013년 11월 12일)

국가 거버넌스 시스템과 일부 거버넌스 능력의 현대화를 추진하는 데 있어서 우리는 어떤 방향으로 나아가야 할까. 이것은 근본적인 문제이기 때문에 잘 대답해야 한다. 이 문제를 사고할 때에는 전면적 개혁심화의 궁극적인 목표를 완전히 이해하고 파악해야만 한다. 이것은 두 마디의 말로 구성된 하나의 통일체인데, 즉 중국특색 사회주의 제도를 개선하고 발전시키며 국가 거버넌스 시스템과 거버넌스 능력의 현대화를 추진하는 것이다. 여기에서 앞마디와 뒷마디는 서로 관련이 있는 문제이다. 앞마디는 근본방향을 규정한 것으로 우리의 방향은 다른 길이 아닌 중국특색 사회주의의 길이라는 것이다. 다시 말해 내가 자주 말하는 '우리는 확고하게 중국특색 사회주의의 길을 가야한다. 폐쇄되고 경직된 낡은 길을 가지 않고 깃발을 바꾸는 잘못된 길을 가지도 않는다'는 것이다. 뒷마디는 이러한 근본방향의 전제 하에서 중국특색 사회주의 제도를 개선하고 발전시킨다는 명확한 지향성을 규정한 것이다. 이 두 마디를 모두 말해야 완전한 것이 된다. 뒷마디만 말하고 앞마디는 말하지 않는다면 불완전하고 전면적이지 못한 것이다.

「성부급(省部級) 주요 영도 간부의 18기 3중전회 정신을 학습하고 관철하는 전면 심화개혁 주제 연구 토론반에서의 연설」(2014년 2월 17일)

마을마다 풍속이 따로 있다(百里不同风, 千里不同俗). 한 나라가 어떤 거버넌스 시스템을 선택하느냐는 그 나라의 역사적 전승 · 문화전통 · 경제사회 발전수준에 따르며 그 나라 인민에 의해 결정된다. 중국의 현재 국가 거버넌스 시스템은 중국의 역사전승 · 문화전통 · 경제사회발전 기초 위에서 장기적으로 발전하고 점진적으로 개선되며 내생적으로 변화된 결과이다. 중국의 국가 거버넌스 시스템은 개선하고 보완해야 한다. 그러나 어떻게 고치고 어떻게 보완하는가에 대해서 우리는 자신의 주장과 확고한 신념이 있어야 한다. 만약 중국의 상황을 고려하지 않고 다른 나라의 제도와 양식을 모방하고 옮겨 온다면 호랑이를 그리려다 오히려 개를 그리는 격이 되어 웃음거리가 될 것이다. 실제 문제를 전혀 해결할 수 없을 뿐만 아니라 환경이 맞지 않아 심각한 결과를 초래하게 될 것이다.

「성부급주요 영도 간부의 18기 3중전회 정신을 학습하고 관철하는 전면 심화개혁 주제 연구 토론반에서의 연설」(2014년 2월 17일)

'사회주의의 길, 이론, 제도에 대한 이른바 세 가지 자신감(三个自信)'을 마음에 새겨야 한다. 이것은 곧 우리의 민족정신이다! 제도에 대한 확고한 자신감이 없으면 전면적 개혁심화에 대한 용기가 있을 수 없다. 마찬가지로 끊임없는 개혁 없이는 제도에 대한 자신감도 철저할 수 없고 오래 갈 수도 없다. 우리가 전면적 개혁심화를 하는 것은 중국특색 사회주의 제도가 안 좋기 때문이 아니라 그것을 더욱 좋게 만들려 하는 것이다. 제도에 대한 자신감을 굳건히 한다는 것은 현 상태에 안주하는 것이 아니라 끊임없이 체제 메커니즘의 폐단을 제거하여 우리의 제도가 더욱 성숙하고 오래 지속하도록 하기 위한 것이다. 우리는 '중진국의 함정'에 빠지지 않도록 해야 할 뿐만 아니라 '서구화나 분리의 함정'에 빠지지 않도록 해야 한다.

「성부급 주요 영도 간부의 18기 3중전회 정신을 학습하고 관철하는 전면 심화개혁 주제 연구 토론반에서의 연설」(2014년 2월 17일)

03

전면심화개혁의 목표,
중국특색 사회주의 제도의 개선과 발전,
기버넌스 시스템과 능력의 현대화
(全面深化改革的总目标是完善和发展
中国特色社会主义制度、
推进国家治理体系和治理能力现代化)

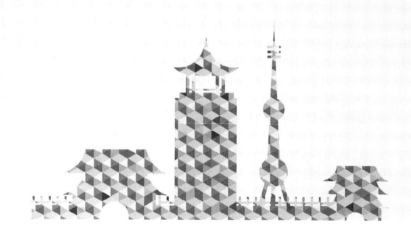

전면심화개혁의 목표,
중국특색 사회주의 제도의 개선과 발전,
거버넌스 시스템과 능력의 현대화

(全面深化改革的总目标是完善和发展中国特色社会主义制度、
推进国家治理体系和治理能力现代化)

중국특색 사회주의 제도의 개선·발전을 견지하고 국가 거버넌스 시스템과 거버넌스 능력의 현대화 추진을 전면적 개혁심화의 총 목표로 삼는다. 1992년 덩샤오핑 동지는 30년이 더 지나야 각 방면에서 더욱 성숙하고 형태를 갖춘 일련의 제도를 형성하게 될 것이라고 말했다. 이번 3중전회에서는 덩샤오핑 동지의 전략사상을 토대로 국가 거버넌스 시스템과 거버넌스 능력 현대화 추진을 제시했다. 이것은 중국특색 사회주의 제도의 개선·발전에 있어서 필연적인 요구이며, 사회주의 현대화 실현을 위한 마땅한 도리이다. 우리가 이번 3중전회에서 전면적 개혁심화 문제를 논의하기로 결정한 것은 한 영역, 몇 개 영역에서의 개혁을 추진하는 것이 아니라, 모든 영역의 개혁을 추진하기 위함이다. 국가 거버넌스 시스템과 거버넌스 능력의 총체적인 관점에서 고려한 것이다.

「실질적으로 사상을 당의 18기 3중전회 정신으로 통일시키자」(2013년 11월 12일),
『구시』 2014년 제1기

국가 거버넌스 시스템과 거버넌스 능력은 국가제도와 제도 집행능력의 집중적인 체현이다. 국가 거버넌스 시스템은 당의 영도 하에 국가의 제도시스템을 관리하는 것이다. 여기에는 경제, 정치, 문화, 사회, 생태문명과 당의 건설 등 각 영역의 체제 메커니즘, 법률법규 배치가 포함된다. 즉 하나로 긴밀하게 연결되고 상호 조율하는 국가제도이다. 국가 거버넌스 능력은 국가제도를 운용하여 사회 각 방면의 사무를 관리하는 능력이다. 여기에는 개혁·발전·안정, 내정·외교·국방, 국가·당·군에 대한 통치 등 각 방면이 포함된다. 국가 거버넌스 시스템과 거버넌스 능력은 유기적 통일체이며 상호 보완한다. 좋은 국가 거버넌스 시스템이 있어야 거버넌스 능력을 향상시킬 수 있으며, 국가 거버넌스 능력을 향상시켜야 국가 거버넌스 시스템의 효능을 충분히 발휘할 수 있다.

「실질적으로 사상을 당의 18기 3중전회 정신으로 통일시키자」(2013년 11월 12일),

『구시』 2014년 제1기

사회의 조화와 국가의 장기적인 안정을 진정 실현하려면 제도에 의지해야 하며 국가 거버넌스 방면에 훌륭한 능력과 높은 자질을 가진 간부들에 의지해야 한다. 우리가 중국특색 사회주의 제도의 우월성을 더욱 잘 발휘하려면 각 영역에서 국가 거버넌스 시스템과 거버넌스 능력 현대화를 추진해야 한다.

「실질적으로 사상을 당의 18기 3중전회 정신으로 통일시키자」(2013년 11월 12일),

『구시』 2014년 제1기

국가 거버넌스 시스템과 거버넌스 현대화를 추진하는 것은 시대의 변화에 대응하기 위한 것이다. 실천적 발전 요구에 적응하지 못한 체제 메커니즘이나 법률법규를 개혁하는 것이며, 새로운 체제 메커니즘과 법률법규를 구축하는 것이다. 이로써 각 방면의 제도가 더욱 과학적으로 완비되고 당·국가·사회의 각종 사무처리가 제도화·규범화·절차화를 이룰 수 있도록 한다. 거버넌스 능력 건설을 더욱 중시하고 제도와 법에 근거한 행정의식을 강화하며 제도와 법률을 잘 운용하여 국가를 통치한다. 각 방면의 제도적 비교우위를 국가 관리의 효율로 전환시켜 당의 과학적 집정, 민주 집정, 법에 따른(依法) 집정수준을 높인다.

「실질적으로 사상을 당의 18기 3중전회 정신으로 통일시키자」(2013년 11월 12일),
『구시』 2014년 제1기

우리는 정세·임무·발전에 따라 변화해야 한다. 전면적 개혁심화를 통해 끊임없이 중국특색 사회주의의 길을 넓혀가며 끊임없이 중국특색 사회주의 이론체계를 풍부하게 하며 끊임없이 중국특색 사회주의제도를 개선해야 한다.

「마오쩌둥 동지 탄생 120주년 기념 좌담회에서의 연설」(2013년 12월 26일),
『인민일보』(2013년 12월 27일)

3중전회에서 제시한 전면적 개혁심화의 총목표는 중국특색 사회주의 제도를 개선·발전시키고 국가 거버넌스 시스템과 거버넌스 능력의 현대화를 추진하는 것이다. 우리는 그동안 많은 현대화 즉, 농업현대화·공업현대화·과학기술현대화·국방현대화 등을 말해왔지만, 국가 거버넌스 시스템과 거버넌스 능력의 현대화는 처음 말한 것이다. 이 총 목표를 깊이 이해하고 정확히 파악하는 것이 각종 개혁조치를 실현하는 관건이다.

「성부급 주요 영도간부의 18기 3중전회 정신을 학습하고 관철하는 전면
심화개혁 주제 연구 토론반에서의 연설」(2014년 2월 17일)

전면적 개혁심화에서 전면적이란 것은 각 영역의 개혁을 총괄적으로 추진한 다는 것이다. 이때 총체적인 목표가 필요하며 각 영역의 개혁에서 궁극적으로 무엇 때문에 어떠한 전체 결과를 얻어야 하는지에 대한 대답이 필요하다. 바로 이른바 "정무관리를 확립하기 위해서는 일정한 규칙이 있어야 하고 정무관리 를 수행하려면 일정한 절차가 있어야 한다(立治有体, 施治有序)." 과거 우리는 개 혁목표를 제시한 바 있지만, 대부분 구체적인 영역에서 제시한 것이다. 예컨대 정치체제개혁의 총 목표는 사회주의제도를 확고하게 하고 사회주의 사회의 생 산력을 발전시키며, 사회주의민주를 발양하고 광대한 인민의 적극성을 동원하 는 것이다. 중국 공산당 14대에서는 중국 경제체제개혁의 목표가 사회주의 시 장경제체제 건립이라고 제시했다. 18기 3중전회에서는 전면적 개혁심화의 총 목표를 제시했으며, 총 목표 아래 경제체제 · 정치체제 · 문화체제 · 사회체제 · 생태문명체제와 당의 건설제도 개혁심화의 목표를 명확히 하였다. 이는 개혁과 정이 전진하면서 제기될 객관적인 요구이며, 개혁에 대한 당의 인식이 심화되 고 체계화되었음을 나타내준다.

「성부급 주요 영도간부의 18기 3중전회 정신을 학습하고 관철하는 전면 심화개혁 주제 연구 토론반에서의 연설」(2014년 2월 17일)

더욱 성숙하고 더욱 형태를 갖춘 제도의 형성에서 보면, 중국 사회주의 실천 의 전반부는 이미 지나왔다. 전반부 우리의 주된 역사적 임무는 사회주의 기본 제도를 건립하고 이러한 기초 위에 개혁을 수행하는 것이었는데, 현재 매우 좋 은 기초를 갖추게 되었다. 후반부에서 우리의 주된 역사적 임무는 중국특색 사 회주의 제도의 개선과 발전에 있다. 이로써 당과 국가사업의 발전, 인민의 행복 과 평안 · 건강, 사회의 조화와 안정, 국가의 장기적인 안정에 더욱 완비되고 더욱 안정적이며, 더욱 유용한 일련의 제도시스템을 만드는 것이다. 이 사업은 매우 웅대하여 단편적으로 조금씩 조정하면 안 되고, 단편화된 것을 수정·보완해도 안 된다. 반드시 전면적·체계적인 개혁과 개선이어야 하며, 각 영역의 개혁과 개선의 연동과 종합이어야 한다. 이로써 국가 거버넌스 시스템과 거버넌스 능력 현대화에서 총체적인 효과를 이루고 총체적인 성과를 거두어야 한다.

「성부급 주요 영도간부의 18기 3중전회 정신을 학습하고 관철하는 전면 심화개혁 주제 연구토론반에서의 연설」(2014년 2월 17일)

　

국가 거버넌스 시스템과 거버넌스 능력은 국가의 제도와 제도 집행능력의 집중적인 체현이다. 이 두 가지는 상호 보완되며 그 어떤 하나만으로도 국가를 통치할 수 없다. 국가 거버넌스에 있어 제도는 근본적·총체적·영속적인 기능을 한다. 그러나 효율적인 거버넌스 능력이 없으면 아무리 좋은 제도라도 그 기능을 발휘하기 어렵다. 이와 동시에 국가 거버넌스 시스템과 거버넌스 능력은 비록 긴밀하게 연결되어 있지만 별개의 사안이다. 국가 거버넌스 시스템이 완전해진다고 국가 거버넌스 능력이 저절로 강해지는 것은 아니다. 세계를 조망해 보면, 각국에는 고유한 거버넌스 시스템이 있으며, 각국의 거버넌스 능력은 객관적인 상황과 주관적인 노력 여하에 따라 어느 정도 차이를 보인다. 심지어 같은 국가, 같은 거버넌스 시스템이지만, 역사적 시기에 따라 거버넌스 능력이 큰 차이를 보이기도 한다. 이 점을 고려하여 우리는 국가 거버넌스 시스템과 거버넌스 능력의 현대화를 함께 제시한 것이다.

「성부급 주요 영도간부의 18기 3중전회 정신을 학습하고 관철하는 전면 심화개혁 주제 연구토론반에서의 연설」(2014년 2월 17일)

경제사회발전과 인민대중의 요구에 비해, 현재 날로 심화되는 국제경쟁에 비해, 국가의 장기적 안정의 실현에 비해, 국가 거버넌스 시스템과 거버넌스 능력은 많은 부분이 개선되어야 한다. 우리의 제도는 더욱 성숙하고 형태를 갖추어야 하는 요구에 부응하지 못하고 있다. 심지어 어떤 방면의 제도는 발전과 안정의 중요한 요소를 제약하기도 한다. 따라서 우리는 국가 현대화의 전체과정에 부응하여 당의 과학집정, 민주집정, 의법(依法)집정의 수준을 제고해야 한다. 국가기구의 직무수행능력을 제고하고 인민대중의 국가사무 의법관리, 경제사회문화 사무, 자체 사무의 능력을 제고해야 한다. 이로써 당·국가·사회 각종 사무의 거버넌스 제도화·규범화·절차화를 실현하고 중국특색 사회주의 제도의 효율적인 국가 거버넌스 능력을 끊임없이 향상시켜야 한다.

「성부급 주요 영도 간부의 18기 3중전회 정신을 학습하고 관철하는 전면
심화개혁 주제 연구 토론반에서의 연설」(2014년 2월 17일)

제도 집행력, 거버넌스 능력은 이미 중국 사회주의의 제도적 비교우위가 기능하고 당·국가사업을 순조롭게 발전시키는 데에 영향을 주는 중요한 요소가 되었다. 따라서 당의 집정능력 향상을 중점으로 삼고 가급적 빨리 각급 간부, 각 방면 관리자의 사상·정치적 소양, 과학·문화적 소양, 업무역량을 제고해야 한다. 가급적 빨리 당과 국가기관, 기업·사업 단위, 인민단체, 사회조직 등의 업무능력을 제고해야 한다. 이렇게 될 때 국가 거버넌스 시스템이 비로소 더욱 효율적으로 운영될 수 있다.

「성부급 주요 영도간부의 18기 3중전회 정신을 학습하고 관철하는 전면
심화개혁 주제 연구토론반에서의 연설」(2014년 2월 17일)

시
진
핑,
개혁을
심화하라

04

전면심화개혁의 내재적
규칙과 방법론
(把握全面深化改革的内在规律,
坚持正确的方法论)

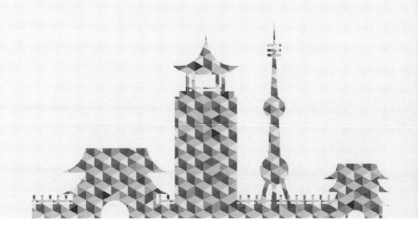

전면심화개혁의 내재적 규칙과 방법론
(把握全面深化改革的内在规律, 坚持正确的方法论)

우리의 개혁은 이미 '견고한 적을 공격해야 하는 시점(攻坚期)'과 '발로 더듬으며 건널 수 없는 심수구(深水区)'에 진입했다. 반드시 개혁의 체계성, 정합성, 협동성을 더욱 중시해야 하며 포괄적으로 중요영역과 핵심지점에서의 개혁을 추진해야 한다.

「광둥 시찰업무에서의 연설」(2012년 12월 7-11일)

믿음을 굳건히 하는 것(坚定信心)은 확고하게 개혁개방을 하는 것이다. 개혁개방은 당대 중국 운명을 좌우하는 결정적인 한 수이다. 또한 '두 개의 백년'의 목표와 중화민족의 위대한 부흥의 실현을 좌우하는 결정적인 한 수이다. 현재 우리의 결정적인 한 수는 여전히 개혁개방이다. 발전을 실천하고 사상을 해방하며 개혁개방하는 것은 영원히 끝이 없다. 중도에 멈추거나 후퇴하면 출구가 없다. 지금 개혁을 추진하는 데 많은 모순과 큰 어려움이 있지만 개혁하지 않으면 안 된다. 우리는 용기를 가지고 개혁개방의 정확한 방향을 견지하여 과감하게 어렵고 위험한 임무를 수행해야 한다. 용감하게 사상관념의 장애를 타파하고 특수한 이익집단의 벽을 돌파해야 한다. 개혁개방은 멈추지 않아야 한다.

「광둥 시찰업무에서의 연설」(2012년 12월 7-11일)

공감대를 형성하는 것(凝集共识)은 개혁개방을 추진하는 힘들을 결집시키는 것이다. 사람의 마음을 모으면 태산도 옮길 수 있다. 널리 공감대를 형성하지 못하면 개혁을 순조롭게 추진하기 어렵고, 추진한다 해도 전면적으로 성공하기 어렵다. 현재 경제체제와 사회구조의 큰 변혁, 이익구도의 큰 조정과 사상관념의 큰 변화로 개혁의 공감대를 형성하는 것은 더욱 어려워졌다. 또한 각 방면의 이익을 두루 고려하여 총괄적으로 임무를 수행하는 일은 더욱 어렵고 힘들다. 따라서 강한 공감대 형성이 필요하다. 사상적 인식이 통일되지 않았을 경우 최대공약수를 구한다. 중국의 13억 인구, 8천 2백 여 만 명의 공산당원, 해외 동포가 모두 강한 공감대를 형성할 수 있다면 그 자체로 하나의 힘이다. 다른 지역, 다른 계층, 다른 영역, 다른 방면에서 서로 다른 생각을 가질 수 있다. 어떤 것에서 '공통점을 추구(求同)' 할 수 있는지, 어떤 것이 작업을 통해 공감대를 형성할 수 있는지, 어떤 것에서 계속 '차이점을 인정(存异)' 할 수 있는지, 그 최대공약수를 찾도록 해야한다. 이처럼 개혁개방의 응집력을 형성하면 작은 노력으로 큰 성과를 거둘 수 있다. 낫을 가는 일은 땔나무하는 일을 지체시키지 않는다(磨刀不误砍柴工). 이런 사전작업을 하는 데 수고와 시간을 아까워하지 않아야 한다. 조급해 하지 말고 천천히 해야 일을 원만하게 처리할 수 있다. 어떤 업무는 실험적으로 먼저 실시하여 사상인식의 문제를 해결할 수도 있다. 우리는 인민의 창조정신을 존중해야 하며 가능한 인민대중의 지혜를 모아야 한다. 당내와 당외의 가능한 모든 힘을 결속시키고, 국내와 국외에서 동원할 수 있는 모든 적극적인 요인들을 충분히 동원한다. 이를 개혁개방 추진의 강력한 힘으로 결집시킨다.

「광둥 시찰업무에서의 연설」(2012년 12월 7-11일)

총괄기획(總籌謀劃)이란 개혁정책 결정과정의 과학성을 높이는 것이다. 전체 구도에서 문제를 생각해야 구체적인 일부도 잘 계획될 수 있다. 현재 개혁은 깊이 있는 조사연구의 기초에서 전면적 개혁심화의 정층설계(頂层设计 · top-level design)와 전체규획을 제시해야 한다. 개혁의 전략적 목표 · 전략적 중점 · 우선순위 · 주력방향 · 업무 메커니즘 · 추진방식을 제시해야 하고, 개혁의 총체적 방안과 로드맵도 제시해야 한다. 또한 '두 개의 백년'의 목표와 서로 호응해야 한다. '두 개의 백년'의 목표를 실현하려면 개혁개방을 방편으로 삼아야 하며, 이에 상응되는 개혁개방 조처가 있어야 한다. 이른바 정층설계는 경제체제, 정치체제, 문화체제, 사회체제, 생태체제에 대한 총괄적인 설계를 마련하여 각종 개혁 간 연관성에 대한 연구 · 판단을 강화하고 전체—부분, 근본—지엽의 결합, 점진과 돌파의 상호촉진에 힘쓴다. 개혁도 증상을 판별하여 상응한 치료를 행하는 것과 같다. 피를 원활하게 공급해 몸을 가지런히 하고 어혈을 제거하여 혈맥을 통하게 해야 하는 동시에 원기를 보전하고 근골을 강하게 해야 한다. 이로써 각종 개혁이 최대의 효능을 발휘하도록 한다.

「광둥 시찰업무에서의 연설」(2012년 12월 7-11일)

협동추진(协同推进)이란 개혁조치의 조화성을 강화하는 것이다. 우리의 개혁은 항상 전면적이었다. 나는 모호하게 중국개혁이 어떤 방면에서 뒤처져 있다고 하는 견해에 동의하지 않는다. 어떤 방면, 어떤 시기에 개혁이 빠르거나 느릴 수 있다. 그러나 전체적으로는 중국이 어떤 방면은 개혁을 했지만 어떤 방면은 개혁하지 않았다고 할 수 없다. 문제의 본질은 무엇을 바꾸고 무엇을 바꾸지 않으며, 어떤 것은 바꾸지 않거나 바꿀 수 없는 것인데 이런 것들은 아무리 시간이 지나도 바뀌지 않는 것이다. 이것을 개혁하지 않는다고 할 수 없다. 현재 사소한 것이 대세에 영향을 미치고 있어 중대한 개혁은 더욱 전면적으로 고려하고 조화롭게 추진해야 한다. 한쪽에 편중돼도 안 되고, 한쪽만 돌진해서도 안 된다. 문제를 정확히 파악한 개혁은 결의를 굳혀 추진해야 하며 조속한 성과를 얻을 수 있도록 힘써야 한다. 개혁 범위가 넓을 경우, 종합적인 개혁을 추진해야 한다. 이로써 여러 관련 개혁을 조화롭게 추진하여 에너지를 모은다. 문제를 확실하게 파악하지는 못했지만 획기적인 진전을 이루어야 하는 개혁은 시범적으로 추진할 수 있다. '돌다리도 만져가며 건넌다(摸着石头过河)'는 것처럼 실천과 창조를 중시하며, 과감한 탐색과 용감한 개척을 장려한다. 실천 속에서 새로운 길을 열고 경험을 얻은 후에 다시 전진한다.

「광둥 시찰업무에서의 연설」(2012년 12월 7-11일)

사회 각계, 국내외 모두 우리의 개혁을 주목하고 있다. 우리는 굳건한 믿음, 강한 공감대 형성, 총괄기획, 협동추진으로써 사회주의 시장경계의 개혁방향을 확고하게 견지해야 한다. 개혁의 체계성, 정합성, 협동성을 강화하고 더욱 큰 정치적 용기와 지혜로써 개혁의 다음 단계를 추동해야 한다.

「중앙경제공작회의에서의 연설」(2012년 12월 15일)

효율적인 개혁의 방법을 견지해야 한다. 개혁은 이미 '견고한 적을 공격해야 하는 시점'과 '발로 더듬으며 건널 수 없는 심수구'에 진입했다. 개혁의 강한 공감대를 형성하기 더욱 어려워졌지만 바꾸지 않으면 안 된다. 개혁이 늦어도 안 되고 지나치게 급진적이어도 안 된다. 인민의 창조정신을 존중하고 실천과 창조를 존중한다. 전체－부분, 근본－지엽의 결합, 점진과 돌파의 상호촉진을 견지한다. 과감한 탐색과 용감한 개척을 장려하며 실험적 방법을 사용할 수 있도록 한다. 많이 일하고 적게 말하며 실효성을 위해 힘쓴다.

「중앙경제공작회의에서의 연설」(2012년 12월 15일)

개혁개방은 유례없는 새로운 사업으로서 반드시 정확한 방법론을 견지하고 끊임없는 실천과 탐색 가운데 추진해야 한다. '돌다리도 만져보고 건넌다' 는 것은 중국특색이 있으며 중국 상황에 부합한 개혁방법이다. '돌다리도 만져보고 건넌다' 는 것은 규칙을 탐구하는 것이다. 우리 선조들은 개혁개방을 시행하고 사회주의시장경제를 발전시키는 것을 논한 적이 없다. 다른 사회주의 국가들도 시도한 적이 없다. 오직 실천, 인식, 재실천, 재인식의 반복된 과정을 통할 수밖에 없다. 실천 가운데 참된 앎을 얻을 수 있다. 중국의 개혁개방이 걸어온 길은 끊임없는 실험－종합－보급의 축적과정이었으며, 농촌에서 도시, 연해지역에서 내륙지역, 부분에서 전체로의 끊임없는 심화과정이었다. 이러한 점진적인 개혁으로 인해 명확하지 않은 상황이나 적절치 않은 조치로 초래될 수 있는 사회적 동요를 피할 수 있었다. 또한 이로써 안정적인 개혁 추진과 순조로운 목표 실현을 보장해 주었다. '돌다리도 만져보고 건넌다' 는 것은 객관적 규칙에 대한 사람들의 인식과정과 사물에 대한 양질전환의 변증법에도 부합한다. '돌다리도 만져보고 건넌다' 는 것이 개혁개방 초기에만 국한되기 때문에 지금에는 의미가 없다고 할 수 없다. 우리는 대국이기 때문에 근본적 문제에서 결정적인 실수를 해서는 안 된다. 이러한 실수가 일어나면 만회할 수 없고 메울 수도 없다. 그렇다고 이 때문에 아무것도 하지 않고 바꾸지 않으면 안 된다. 그러면 정체되고 폐쇄적이며 보수적인 것이다. 실험적 탐색, 행동 전에 미리 상황을 타진하는 방법을 취해야 한다. 이후 경험을 얻고 공감대를 형성하며 확신이 생기고 안정적으로 추진되면 다시 더 추진한다. 작은 승리를 모아 큰 승리로 이끈다. 실험적 방법과 정층설계를 강화하는 것은 변증법적으로 통일되는 것이다. 정층설계를 강화하는 전제에서 부분의 단계적 개혁개방을 추진해야 하며, 부분의 단계적 개혁개방 토대에서 정층설계를 기획해야 한다. 거시적 사고와 정층설계를 강화해야 하지만, 개혁의 체계성 · 정합성 · 협동성을 더욱 중시해야 한다. 이와 함께 지속적으로 과감한 실험, 과감한 돌파를 장려해야 하며, 끊임없이 개혁개방을 더욱 심화해야 한다.

「18기 중앙정치국 제2차 집체학습에서의 연설」(2012년 12월 31일)

개혁개방은 하나의 시스템 공정이다. 반드시 전면적 개혁을 견지해야 하며, 각종 개혁이 조화롭게 추진되어야 한다. 개혁개방은 중대하고 전면적인 사회변혁이다. 경제체제뿐만 아니라 정치체제, 문화체제 · 사회체제 · 생태체제를 포함한다. 이는 생산력과 생산관계에 관련되며, 경제적 토대와 상부구조에 관련된다. 모든 개혁은 다른 개혁에 중요한 영향을 주며, 모든 개혁은 다른 개혁과의 조화가 필요하다. 개혁개방이 지속적으로 심화되면서 개혁개방의 연관성과 상호작용이 명확하게 강화되었다. 따라서 우리는 각종 개혁의 상호촉진, 좋은 상호작용을 더욱 중시해야 한다. 우리는 경제 · 정치 · 문화 · 사회 · 생태 등 각 방면의 개혁개방을 유기적으로 결합시켜야 한다. 이론혁신, 제도혁신, 과학기술혁신, 문화혁신 및 기타 각 방면의 혁신을 유기적으로 결합시켜야 한다. 전체적으로 추진하고 중점영역을 돌파하여 개혁개방 추진에서의 강한 힘을 모아야 한다.

「18기 중앙정치국 제2차 집체학습에서의 연설」(2012년 12월 31일)

지금 우리는 발전의 중요한 전략적 기회의 시기에 있지만 사회모순 돌출기에 놓여 있다. 사회안정 속에서의 개혁발전 추진은 더욱 중요하게 되었다. 우리는 개혁의 강도, 발전의 속도, 사회적 수용력을 통일시켜 나가야 한다. 인민생활의 개선을 개혁·발전과 안정의 관계를 정확히 처리하는 결합지점으로 삼아 사회안정 속에서 개혁발전을 추진하고 개혁발전을 통해 사회안정을 촉진한다. 개혁조치·발전조치·안정조치의 조화를 강화하여 현재의 이익과 미래의 이익, 국부의 이익과 전체의 이익, 개인의 이익과 집단의 이익관계를 확실하게 파악한다. 대중의 절실한 이익에 관계된 문제를 해결하고 대중이 정확하게 각종 이익관계를 처리하고 이성적·합법적으로 이익표출을 할 수 있도록 유도한다. 이로써 안정되고 단결된 사회분위기를 조성한다.

「18기 중앙정치국 제2차 집체학습에서의 연설」(2012년 12월 31일)

체제개혁의 전면적 심화에 대한 정층설계와 전체규획을 심도있게 연구하고, 각종 개혁의 연관성에 대한 연구·판단을 강화해야 한다. 경제·정치·문화·사회·생태 방면의 체제개혁을 유기적으로 결합시켜 이론혁신, 제도혁신, 과학기술 혁신, 문화혁신 및 기타 각 방면의 혁신을 유기적으로 결합시켜야 한다.

「중공 18기 2중전회 제2차 전체회의에서의 연설」(2013년 2월 28일)

중국발전이 직면한 일련의 모순과 도전에 대응하는 데 있어 가장 중요한 것은 전면적 개혁심화이다. 반드시 복잡한 사물현상 속에서 전면적 개혁심화의 내재적 규칙을 파악해야 한다. 전면적 개혁심화의 중요한 관계를 파악하여 사상해방과 실사구시, 전체 추진과 중점돌파, 정층설계와 실험적 방법, 과감성과 안정성, 개혁발전과 안정의 관계를 잘 처리해야 한다.

「후베이(湖北) 개혁발전업무시찰에서의 연설」(2013년 7월 21-23일)

『인민일보』(2013년 7월 24일)

전면적 소강사회 건설완성을 실현하는 목표는 전면적 개혁심화에 대해 더욱 절실한 요구를 제기하게 했다. 중국개혁은 이미 '발로 더듬으며 건널 수 없는 심수구'에 진입하여 해결해야 할 문제가 매우 많고 힘들다. 조사연구는 일을 도모하는 기초이고 일을 이루는 길이다. 조사를 하지 않으면 발언권이 없고 정책결정권은 더욱 없다. 전면적 개혁심화에 대한 사고방향과 중요 조치를 연구·사고·확정하는 데 있어 '어리석게 융통성이 없어(刻舟求劍)'도 안 되고 '실제를 고려하지 않고 자기 생각대로만 해서(閉門造車)'도 안 된다. 뜬구름 잡는 생각을 해서는 더욱 안 된다. 반드시 전면적이고 심도있는 조사·연구를 진행해야 한다.

「우한(武汉)에서 개최한 일부 성시(省市) 책임자 좌담회에서의 연설」(2013년 7월 23일),

『인민일보』(2013년 7월 25일)

전면적 개혁심화의 관건은 새로운 기획과 새로운 행동에 있다. 강한 문제의식을 가지고 중요문제를 중심으로 해야 한다. 중대문제·핵심문제에 대해 보다 깊이 연구와 사고를 하고 해답을 구하며 중국발전에서 직면한 일련의 두드러진 모순과 문제를 힘써 해결한다. 사상해방의 과정은 사상통일의 과정이다. 사상이 통일돼야 비로소 개혁의 공감대를 최대한 응집시켜 개혁의 합치된 힘(合力)을 형성할 수 있다.

「중공중앙에서 개최한 당외(党外)인사 좌담회에서의 연설」(2013년 9월 17일),

『인민일보』(2013년 11월 14일)

전면적 개혁심화는 하나의 복잡한 시스템 공정으로, 정층설계와 전체 계획을 강화하고 각 분야에서 개혁의 관련성, 체계성, 실행가능성 연구를 강화해야 한다. 우리는 중요한 개혁 조치를 기본적으로 확정한 기초위에서 각 영역의 개혁 관련성과 각 항목의 개혁조치들의 결합성을 깊이 연구하고 개혁조치의 실행가능성을 깊이 논증하며 전면적인 개혁심화의 중대한 관계를 파악하여, 각 항목의 개혁조치들이 정책 지향 측면에서 상호 조화되고 실시 과정에서 상호 촉진되며 실제 효과에서 서로 각자의 장점이 더욱 잘 돋보이도록 해야 한다.

「중공중앙에서 개최한 당외인사 좌담회에서의 연설」(2013년 9월 17일)
『인민일보』(2013년 11월 14일)

중국경제는 이미 새로운 발전단계에 접어들어 현재 근본적인 방식의 전환과 구조조정을 진행하고 있다. 이는 끊임없이 언덕을 오르고 난관을 돌파하며 어려움을 극복하는 것이다. 이는 필히 조정의 진통과 성장의 아픔을 수반하게 되지만 그만큼 대가를 지불할 만한 가치가 있는 것이다.

무지개는 종종 비바람 뒤에 나타난다. 사람보다 더 높은 산은 없고 다리보다 긴 길은 없다는 말이 있다. 우리가 포기하지 않고 앞으로 나아가기만 한다면 목표에 도달할 그 날이 있을 것이다.

「개혁개방을 심화하고 아름다운 아시아태평양을 함께 만들자:
APEC 최고경영자회의에서의 연설」『인민일보』(2013년 10월 8일)

개혁 방안을 제기하는 것은 당연히 신중해야 하고 계속 연구해야 하며 반복해서 논증해야 하지만, 이로 인해 지나치게 소심하거나 머뭇거리며 앞으로 나아가지 못하고 아무것도 해보려하지 않거나 시도해보지 않을 수는 없다. 개혁

한다는 것은 기존의 업무 구조와 체제운영을 하나도 혁파하지 않거나 모든 것이 사리에 맞아 무리가 없고 아무런 위험도 따르지 않는 것이 아니다. 충분한 논증과 평가를 거쳐야 하고, 실제에 부합하고 반드시 해야 하는 것이고 마땅히 해야 하는 것이라면 대담하게 해야 한다.

「'중공중앙의 전면개혁심화의 약간의 중대 문제에 관한 결정' 에 대한 설명」
(2013년 11월 9일), 『인민일보』(2013년 11월 16일)

개혁이 직면한 모순이 많고 어려움이 클수록 시대의 변화와 함께 흔들림 없이 나아가야 하며 어려움을 극복할 수 있다는 믿음을 굳건히 가져야 한다. 진취적인 기상과 정신, 의지를 가질수록 '위험이 있는 것을 알면서도 호랑이 굴로 들어갈 수 있는' 용기를 가질 수 있다.

「중공 18기 3중전회 제2차 전체회의에서의 연설」(2013년 11월 12일)

지금 개혁은 새로운 중요한 순간에 도달해 있다. 개혁 추진의 복잡성, 민감성, 어려운 정도는 결코 30여 년 전에 못지않다. 어떤 경우 복잡한 부문이익과 관련되고 또 어떤 경우 일치된 인식이나 생각을 갖기 어렵다. 어떤 이들의 '치즈'를 건드려야 할 때도 있고 다방면의 협조와 조치가 같이 병행되어야 할 때도 있다. 모순이 크고 문제가 많을수록 굳건하게 어려움을 극복하고 앞을 향해 용감히 나아가야 한다.

「중공 18기 3중전회 제2차 전체회의에서의 연설」(2013년 11월 12일)

개혁 추진은 반드시 흔들림 없이 처음의 기세로 끝까지 해내야 한다. 확고부동한 믿음과 굳센 용기로 주저하지 말고 움츠러들지 말아야 한다. 우리는 강한 역사적 사명감과 책임감을 가지고 당과 사회 전체의 지혜를 최대한 결집시키고 모든 적극적인 요인을 최대한 동원하여 어렵고 힘든 임무를 수행하고 위험을 무릅쓴다는 마음을 가져야 한다. 더 큰 결심으로 사상·관념의 장애를 돌파하고 고착화된 이익의 울타리를 깨부수며 전체회의 정신을 실제적으로 잘 관철시키고 전체회의에서 제기한 개혁 지도사상과 전체적인 사고의 방향, 목표와 임무를 실현하도록 한다.

「중공 18기 3중전회 제2차 전체회의에서의 연설」(2013년 11월 12일)

전면적 개혁심화 과정에서 관계가 복잡하고 균형 잡기 어려운 이익문제에 부딪히게 되면 군중의 실제상황이 대체 어떠한지를 진지하게 생각해봐야 한다. 대중들이 기대하는 것은 대체 무엇인가, 대중이익은 어떻게 보장되는가, 대중들이 우리의 개혁에 대해 만족하는가, 개혁의 정책결정과정의 과학성을 높이기 위해 중요한 한 가지는 바로 대중의 의견과 건의를 광범위하게 듣고 군중이 창출해낸 신선한 경험을 적시에 총결해야 한다는 점이다. 개혁을 추진하려는 대중들의 적극성과 주동성, 창조성을 충분히 동원하고 광대한 인민의 지혜와 역량을 개혁으로 집중시켜 인민과 함께 개혁을 추진해야 한다.

「실질적으로 사상을 당의 18기 3중전회 정신으로 통일시키자」(2013년 11월 12일),
『구시』 2014년 제1기

개혁 추진을 위해 담력은 커야 하지만 행보는 반드시 안정적이어야 한다. 담력이 크다는 것이 일을 무모하게 한다는 것은 아닌데, 무턱대고 일을 하게 되면 일을 그르치게 된다. 중대한 개혁에 대해서는 한꺼번에 모든 일을 다 처리할 수는 없고 전체적인 사고 방향과 방안을 제기해야 한다. 하지만 일을 추진하려면 차근차근 착실하게 진행하고, 부단한 노력을 통해 점차 목표에 도달하여 작은 승리를 큰 승리로 만들어야 한다. 이것이 바로 '어려운 일을 하려면 쉬운 것부터 해 나가야 하고, 큰일은 세심한 것부터 해 나가야 해결할 수 있다(图难于其易, 为大于其细。天下难事, 必作于易; 天下大事, 必作于细)'는 것이다.

「중공 18기 3중전회 제2차 전체회의에서의 연설」(2013년 11월 12일)

대국을 다스리는 일은 '작은 생선을 삶는 것'과 같다(若烹小鲜).* 우리나라는 대국으로 근본적인 문제에서 뒤집힐 만한 잘못이 있어서는 안 되며, 일단 잘못이 나타나면 돌이킬 수 없고 메울 수도 없다. 앞으로의 개혁은 불가피하게 더 깊은 사회관계와 이익갈등을 건드리게 될 것이고 기존 이익구조의 변화를 촉발하게 될 것이다. 전면적 개혁심화가 미치는 범위가 넓고 중대한 개혁조치는 대세에 영향을 미칠 수 있기 때문에 반드시 신중에 신중을 기해야 한다. 갈수록 깊어지는 물속에서 앞으로 나아가다 보면 부딪치게 되는 저항이 갈수록 커지게 마련이며, 대면하게 되는 암초와 복류, 소용돌이가 갈수록 많아질 것이다. 현 단계에서 추진하는 개혁은 반드시 물의 성질을 알아야 하고 큰 그림을 파악해야 하며 안정 속에서 앞으로 나아가야 한다. 지난 경험은 우리에게 어떤 정책은 일정한 시기가 지난 뒤에야 오류를 발견할 수 있으며 돌이키려 해도 쉽지 않음을

---

* 역주) 노자(老子) 60장에 나오는 사자성어로 큰 나라를 다스리는 것은 작은 생선을 삶는 것과 같아야 한다는 의미로 무엇이든 자연스럽게 두면서 지켜보는 것이 가장 좋은 정치란 뜻이다.

말해준다. 우리의 정책은 조치가 나오기 전에 반드시 반복적인 논증과 과학적인 평가를 거쳐서 실제에 부합하고 효과적이고 장기적인 실행이 될 수 있도록 노력을 다해야 하며, '빈대떡'을 뒤집듯이 제멋대로 해서는 안 된다. 그렇지 않으면 사소한 실수라도 그 잘못은 천리에 미치게 된다. 당연히 온당하고 신중하게 해서 반드시 추진해야 하는 개혁을 그르쳐서는 안 된다.

「중공 18기 3중전회 제2차 전체회의에서의 연설」(2013년 11월 12일)

'돌다리도 만져보고 건넌다'는 말은 중국의 지혜가 담긴 개혁 방법이자 마르크스주의의 인식론과 실천론에 부합하는 방법이다. 실천 과정에서 반드시 돌파해야 하지만 그다지 자신이 있지 않던 개혁에 대해서는 실험적인 탐색과 미리 상황을 타진하는 방법을 채택하여 먼저 시범적으로 실행해 보았다. 실천을 존중하고 창조를 중시하며 대담하게 탐색하고 용감하게 개척하며 경험이 쌓여 정확하다고 판단될 때 다시 추진해나갔다. 어떤 국가들은 이른바 '쇼크요법'을 실시하여 결과적으로 급격한 정치적 불안과 사회적 혼란을 야기했는데, 이 교훈은 매우 중대한 것이다. 정층설계와 실험적 방법(돌다리를 만져보고 건너는 방법)을 강화하는 것은 모두 개혁 추진의 중요한 방법이다. 물론 돌다리를 만져보고 건너는 것에도 규칙이 있는데, 이미 알고 있는 법칙에 따라 처리하고 실천 속에서 다시 규칙에 대한 인식을 심화시켜야 한다. 수박껍질을 밟아 넘어지는 곳에서 그런대로 적응하면 된다고 생각해서는 안 된다.

「중공 18기 3중전회 제2차 전체회의에서의 연설」(2013년 11월 12일)

전면적 개혁심화는 당과 국가사업의 전체 국면, 경제사회발전의 각 영역, 많은 중대한 이론 및 실제 문제 등과 관련된다는 측면에서 하나의 복잡한 시스템 공정이다. 개혁이 끊임없이 심화되면서 각 영역과 각 부분에서 개혁의 관련성과 상호성이 뚜렷하게 증가되었고, 하나의 개혁 항목이 다른 개혁에 대해서도 중요한 영향을 미치게 되었으며 다른 개혁의 협조와 호응을 필요로 하게 되었다. 영향력이 미치는 범위가 넓은 개혁에 대해서는 동시에 부대개혁을 추진해야 하며 관련 개혁이 협조적으로 추진할 수 있는 긍정적 에너지를 취합해야 한다. 만약 각 영역의 개혁이 뒷받침되지 않고 각 분야의 개혁조치가 서로 걸림돌이 되거나 심지어 서로 충돌하게 된다면, 전면적인 개혁은 지속적으로 추진하기 어렵게 된다. 억지로 추진할 수 있다 하더라도 그 효과는 가감될 것이다.

「중공 18기 3중전회 제2차 전체회의에서의 연설」(2013년 11월 12일)

우리는 각 분야, 각 지방, 각 요소에서 개혁을 심화시킬 수 있도록 전면적인 계획을 세워야 하고, 개혁의 각 항목이 서로 촉진하고 시너지 효과를 내어 서로 호응할 수 있도록 중점을 두고 추진해야 한다. 총체적 추진을 견지하면서 서로 다른 시기, 서로 다른 분야의 개혁이 조화를 이루고 결합될 수 있도록 하고 개혁조치의 전체적인 효과에 중점을 두어야 하지, 어느 한쪽으로 치우치거나 무리하게 하거나 어느 하나를 생각하다 다른 것을 놓쳐서는 안 될 것이다. 총체적 추진이란 똑같이 힘을 나눠 쓰거나 나란히 나아가는 것이 아니라 주요 모순과 모순의 주요 측면, 그리고 중요한 영역과 관건적인 부분을 집중적으로 파악하여 전체 국면과 부분의 상호 조화, 근본과 임시적 해결의 상호 결합, 점진과 돌파의 상호 연결이 되도록 노력하여 총체적 추진과 중점적 돌파의 통일을 실현해야 할 것이다.

「중공 18기 3중전회 제2차 전체회의에서의 연설」(2013년 11월 12일)

개혁의 힘을 모으려면 결국 각 분야의 개혁조치들이 서로 협조적으로 공명을 이뤄야 한다. 정책이 서로 결합되지 않으면 실천과정에서 매끄럽지 못하게 될 뿐 아니라 힘을 모으는 것은 말할 수도 없게 된다. 각 영역에서 개혁의 관련성과 개혁조치의 결합성을 깊이 연구하고 개혁 조치의 실행가능성을 세심하게 논증하며 전면적인 개혁심화의 중대한 관계를 잘 파악하여 각 항목의 개혁조치가 정책 방향에서 서로 결합되고 실시 과정에서 상호 촉진되며 개혁성과에서 각자의 장점을 더욱 잘 나타낼 수 있도록 시너지 효과를 발휘하고 공명의 효과를 만들어야 한다.

「중공 18기 3중전회 제2차 전체회의에서의 연설」(2013년 11월 12일)

인심이 모이면 태산을 옮길 수 있다. 합의를 모으는 것이 매우 중요하며 광범위한 공감대가 이루어지지 않으면 개혁은 순조롭게 추진하기 어렵고, 전면적인 성공을 거두기도 어렵다. 현재 사회구조가 급박하게 변하고 이익구조가 근본적으로 조정되며 사상관념이 심각하게 변하고 있기 때문에, 개혁에 대한 합의를 모으기도 어렵고 각 분야의 이익을 동시에 고려해야 하는 임무도 어렵고 막중하다. 바로 이렇기 때문에 우리가 더 노력을 해서 합의를 만들어내야 한다. 사상을 통일하고 합의를 이룰 수 있도록 노력하고 개혁에 대한 긍정적인 선전과 여론 지도를 강화하며 간부들과 군중들이 관심을 갖는 중대한 사상인식 문제에 대해 적시에 응답할 수 있도록 하여 순조로운 개혁 추진을 위한 좋은 사회 환경을 만들어야 한다.

「중공 18기 3중전회 제2차 전체회의에서의 연설」(2013년 11월 12일)

역사적 경험으로 보았을 때 합의를 모으는 일은 성공적 개혁의 매우 중요한 관건이라 할 수 있다. 역사적으로 전국(戰國)시기의 상앙의 변법(商鞅變法), 송대의 왕안석 변법(王安石變法), 명대의 장거정 변법(張居正變法) 등은 당시 역사적 조건에서 일정한 성과를 거두었다. 그러나 당시 군주전제라는 정권의 속성과 사회갈등이 계속 격화되고 각종 이익관계가 복잡하게 얽혀 있었고 게다가 통치 집단 내부의 이해관계가 복잡하게 꼬여 해결하기 쉽지 않았고 상호 알력이 생겼다. 개혁은 일부 기득권 이익집단의 이익을 건드려야 하는데, 그들의 변법은 모두 강대한 저항에 부딪히게 되었고 심지어 스스로의 지위나 명예도 잃고 철저히 실패하고 말았다. 청대 양무파의 대표적인 인물인 장지동(張之洞)은 개혁 관념을 가진 사람이었다. 청대 말기 사회갈등이 쌓여 이미 돌이키기 어려워졌을 때 거대한 변혁은 시대적 흐름이었다. 다양한 의론이 분분했고 많은 인물들이 가면을 쓰고 정치 무대에 등장하여 어떤 말이 옳은지 분간하기 어려울 때 장지동은 탄식하며 다음과 같이 말했다. "옛 사람은 목이 메면 식음을 전폐하고 젊은 사람은 갈림길이 많으면 양을 잃고 만다. 옛 사람은 통(通)을 모르고 젊은 사람은 본(本)을 모른다. 통을 모르면 적을 만났을 때 변화를 제어하는 전술을 모르고, 본을 모르면 명교(名敎)를 보잘 것 없다고 여기는 마음을 갖는다." 그 뜻은 바로 수성(守成)과 변혁의 분별을 잘 파악하지 못해 합의를 이루기 어려웠음을 말하는 것이다.

「중공 18기 3중전회 제2차 전체회의에서의 연설」(2013년 11월 12일)

현 단계 개혁 심화에 대해서는 합의를 이루기 어렵고 심지어 개혁에 대한 합의 형성은 가짜명제라는 견해가 있다. 그렇다. 지금 당 내외에서 개혁 심화에 대해 인식적으로 비교적 큰 차이가 있다. 그러나 사상과 인식이 일치하지 않을수록 최대공약수를 더 잘 찾을 수 있다. 개혁 견지라는 이 중대한 문제에 대해서는 당과 사회 전체에서 광범위하게 인지하고 있는 것이다. 사상지도를 강화하고 당내외 단결할 수 있는 모든 역량을 광범위하게 단결시키고 국내외의 동원 가능한 모든 적극적인 요인을 충분히 모아낼 수 있다면 합의를 이루는 것은 완전히 가능하다. 중국특색 사회주의의 장점에 대해 말한다면 바로 이러한 점이 그렇다고 할 수 있고 이는 매우 중요한 측면이다.

「중공 18기 3중전회 제2차 전체회의에서의 연설」(2013년 11월 12일)

개혁을 추진하는 과정에서 정확한 사상방법과 변증법을 견지하고 사상해방과 실사구시의 관계, 총체적 추진과 중점적 돌파의 관계, 전체 국면과 부분의 관계, 정층설계와 실험적 방법의 관계, 대담한 포부와 안정적인 속도의 관계, 개혁·발전·안정의 관계 등을 잘 처리하여, 기획 능력과 집행력을 높이는 데 힘쓰고 중앙의 정책결정이 적시에 정확한 위치에서 실현될 수 있도록 해야 한다. 이번 전체회의에서 제기한 많은 개혁조치들은 현행 법률 규정과 관련된다. 중대한 개혁에 속하고 법적 근거가 필요한 경우라면 우선 법률을 수정할 수 있게 한다. 먼저 세우고 나중에 돌파하여 순서있게 진행하는 것이다. 중요한 개혁조치인데 법률적인 권한부여가 필요한 경우에는 법적 절차에 따라 진행한다.

「중공 18기 3중전회 제2차 전체회의에서의 연설」(2013년 11월 12일)

우리가 이번 3중전회 의제를 고려할 때 전면적인 개혁심화를 위한 방안의 제정을 제기한 것이지, 단순히 경제체제개혁이나 혹은 경제체제와 사회체제개혁만을 말한 것이 아니다. 이러한 고려는 우리가 당면한 심각한 모순과 문제를 해결하기 위해서인데, 단순히 단일 영역과 단일 행정등급에서의 개혁에만 의존해서는 효과를 얻기 어렵고 반드시 정층설계와 총체적 계획을 강화하고 각 개혁 항목의 관련성과 체계성, 협조성을 강화해야 한다. 생산관계에서 적응하지 못하는 문제를 해결하고 또한 상부구조에서의 부적응 문제를 잘 해결해야 종합적인 효과를 거둘 수 있게 된다.

또한 우리는 특히 경제건설을 중심으로 하여 경제체제개혁이 이끌어주는 역할을 발휘하여야 한다고 강조했다. 이는 현 단계 사회에서 기본 모순의 중요한 측면을 장악하기 위한 핵심은 발전에 있다는 것을 말해준다. 발전이라는 제일 임무를 틀어쥐고 각 분야의 개혁을 배치함으로써 사회생산력을 해방·발전시켜 개혁을 위한 강대한 견인을 제공해야만 생산관계와 생산력, 상부구조와 경제토대가 서로 적응할 수 있도록 잘 추진할 수 있다. 우리나라의 개혁개방 이후의 실천이 충분히 증명하듯 사회생산력의 해방과 발전을 잘 붙잡을 수 있다면 각 분야에서 개혁을 위한 강대한 추동력을 제공할 수 있고 다른 각 분야의 개혁에도 영향을 미칠 수 있을 것이다.

「18기 중앙정치국 제11차 집체학습에서의 연설」(2013년 12월 3일)

전면적 개혁심화 과정에서 우리는 객관적 규율의 존중과 주관적 능동성 발휘 간의 관계를 잘 다루어야 한다. 한편으로 모든 것을 실제에서 출발하여 객관적 규율에 따라 일을 처리하고 청사진이 있으면 끝까지 꽉 쥐고 기초적이고 장기적인 업무를 잘 처리해야 한다. 머리를 굴리거나 터무니없는 명령, 혼란스런 정책결정을 내려서는 안 되고, 단기적 행위나 싹을 떼어내 빨리 자라게 해서도 안 된다. 다른 한편으로 지방과 기층, 군중의 대담한 탐색과 실험적 시도 등을 장려해야 하며 적시에 경험을 모아 이론과 실천적 혁신을 용감하게 추진하고 개혁 규율에 대한 인식을 지속적으로 심화시켜야 한다. 우리는 정층설계와 돌다리도 만져보며 건너는 실험적 방법의 상호 결합, 총체적 추진과 중점적 돌파의 상호 촉진을 강화하자고 제기했는데, 이는 전면적 개혁심화가 반드시 따라야 할 중요한 원칙이며, 역사적 유물주의의 요구이기도 하다.

「18기 중앙정치국 제11차 집체학습에서의 연설」(2013년 12월 3일)

차근차근 착실하게 일하고 매사를 신중하게 하여 안정을 다지는 가운데 좋은 발전으로 갈 수 있는 태세를 만들어 경제사회적인 안정을 촉진하고 전면적 개혁심화를 위한 조건을 만든다. 또한 전면적 개혁심화를 적극 추진하고 문제의 방향을 견지하여 용감하게 혁신적으로 돌파하며, 개혁으로 발전과 전환을 촉진하는 방식으로 구조 조정과 민생개선을 추진한다. '안정'도 좋고, '개혁'도 좋다. 변증법적 통일로 서로를 위한 조건이 되게 한다. 하나는 정적이고 하나는 동적으로, 정(靜)에는 확고한 의지가 필요하고 동(动)에는 질서가 필요한데, 관건은 이 양자 간의 정도를 잘 파악하는 것이다.

「중앙경제공작회의에서의 연설」(2013년 12월 10일)

정확하게 개혁을 추진해야 한다. 개혁은 사회주의제도의 자기 완결이자 발전으로, 어떻게 개혁하고 무엇을 개혁할지에 대해 우리의 정치원칙과 마지노선이 있으며 정치적인 확고한 신념이 있어야 한다. 확실하게 개혁을 추진해야 한다. 전체회의에서 제기한 각 항목의 개혁조치는 모두 세심한 고려와 정밀한 설계를 거친 것으로 중앙의 요구에 따라 추진해야 하며 일을 정확하게 파악하지 않고 맹목적으로 추진해서는 안 된다. 중앙에서 확정한 한계를 넘어서서 추진해서도 안 되며 과유불급(过犹不及)이라고 제대로 하지 못하면 오히려 정반대의 결과를 얻게 될 수도 있다. 순서있게 개혁을 추진해야 한다. 중앙에서 통일적으로 배치한 각 지역은 시작신호 전에 출발해서는 안 되고 진작부터 추진했어야 하는 것은 미루지 말아야 하며 실험적으로 해야 하는 것은 황급하게 위로 추진하지 말아야 한다. 많은 연구 뒤에 다시 추진해야 하는 것은 서둘러 성공을 바라지 말아야 하고, 법률적인 권한 부여가 필요한 것은 앞서나가 추진하지 말아야 한다. 시기적으로 성숙하지 못했거나 조건이 갖춰지지 않은 상황에서 갑자기 떼거리로 몰려나가 행동해서는 안 된다. 욕속부달(欲速不达)이다. 협조적으로 개혁을 추진해야 한다. 전면적 개혁심화가 미치는 범위가 넓고 개혁을 체계적, 전체적, 협조적으로 추진해야 한다는 요구가 크게 높아져 개혁의 관련성과 결합성에 중점을 두고 전체 국면을 파악하며 협조에 주의를 기울여 최대한 종합적인 효과를 거두기 위해 노력해야 한다. 어느 한쪽으로 치우치거나 어느 하나를 생각하다 다른 것을 놓쳐서는 안 될 것이며, 각자 자신의 주장대로 하다가 서로 방해가 되어서도 안 된다. 각 지역과 각 부문은 중앙의 대정(大政) 방침의 통일성과 위엄성에 대한 자각적 보호와 각 지역의 구체적인 실정에 맞게 적절한 대책을 세우며(因地制宜) 주관적 능동성의 충분한 발휘를 결합시켜, 중앙에서 확정한 방향과 목표와 원칙대로 일을 처리하고 용감하게 탐색하며 혁신해 나가야 한다.

「중앙경제공작회의에서의 연설」(2013년 12월 10일)

아직 이해가 깊지 않지만 반드시 추진해야 하는 개혁에 대해서는 대담하게 탐색하고 실험적으로 우선 실시한다. 깊은 차원의 제도적 요인과 복잡한 이익 관계와 관련되어 있고 일시적으로 위로 추진하기 어려운 개혁들은 개혁 실험이라는 정찰병과 선발대의 역할을 발휘하여 법칙을 찾아내고 합의를 모아 축적된 경험을 전면적으로 추진하고 조건을 창출하도록 한다.

「중앙경제공작회의에서의 연설」(2013년 12월 10일)

전면적 개혁심화를 위해 우리는 유리한 조건과 실천의 기초를 구비했으며, 이론적 준비와 우호적인 분위기를 갖췄다. 전체 국면을 파악하고 시세를 헤아리며 여러 분야의 일을 통일적으로 계획하고 돌보며 과학적으로 실시하고, 각 분야의 적극성을 충분히 동원하여 전면적 개혁심화의 목표를 향해 흔들림 없이 전진하자.

「중앙전면심화개혁영도소조 제1차 회의에서의 연설」(2014년 1월 22일)
『인민일보』(2014년 1월 23일)

중국과 같이 13억여 명의 인구를 보유한 대국에서 개혁을 심화시키는 일은 결코 쉬운 일이 아니다. 중국의 개혁은 30여 년의 시간이 흘러 이제 깊은 곳으로 진입했다. 쉽고 모두가 좋아하는 개혁은 이미 완성되었고 맛있는 고기도 모두 먹어치웠으며 매달리기 힘든 막중한 임무만 남았다고 말할 수 있을 것이다. 이 때문에 우리는 더욱 대담한 포부를 지니면서도 안정적인 속도로 나아가야 한다. 포부를 대담하게 가져야 하는 것은 개혁이 어렵더라도 앞으로 나아가야 하기 때문에 자신 있게 책임지고 용기 있게 막중한 임무에 매달리며 험난한 고비를 넘어야 한다는 것이다. 안정적인 속도를 유지한다는 것은 방향은 반드시 정확하게, 운행은 반드시 안정적으로 진행해야 한다는 것이며, 특히 뒤집힐 만한 잘못을 저질러서는 안 된다.

「러시아 소치에서 러시아방송국과의 인터뷰」(2014년 2월 7일)
『인민일보』(2014년 2월 9일)

05

사회주의 시장경제 개혁방향의 견지, 자원 배분에서의 시장과 정부의 역할

(坚持社会主义市场经济改革方向,
使市场在资源配置中起决定性
作用和更好发挥政府作用)

사회주의 시장경제 개혁방향의 견지, 자원 배분에서의 시장과 정부의 역할

(坚持社会主义市场经济改革方向,
使市场在资源配置中起决定性作用和更好发挥政府作用)

정부직능의 전환에서 더 깊은 단계로 행정체제를 개혁하는 데 있어서 핵심적으로, 실제적으로 해결해야 하는 것은 정부가 무엇을 해야 하고, 무엇을 해서는 안 되는가이다. 그 핵심은 정부, 시장, 사회의 관계에 있는데, 즉 어떤 일들은 반드시 시장, 사회, 정부 각자가 분담해야 하고, 또 어떤 일들은 이 삼자가 공동으로 맡아야 하는지에 관한 것이다.

「중공 18기 2중전회 제2차 전체회의에서의 연설」(2013년 2월 28일)

현재 정부직능의 전환은 아직 일정한 수준에 도달하지 못했다. 미시경제에 대한 정부의 개입이 너무 많고 지나치게 세부적이며 거시경제의 조정이 아직 완전하지 않다. 시장 감독의 문제가 비교적 많고 사회관리가 강화되어야 하며 공공서비스가 비교적 취약하다. 이러한 문제들은 전면적 소강(小康)사회건설이라는 새로운 요구에 서로 부합하지 않는다. 정부기구와 정부직능 전환을 한층 더 개혁하는 일은 정부 효능의 향상이라는 필연적 요구일 뿐 아니라 사회발전의 활력을 강화하는 필연적 요구이기도 하다. 우리는 더 커다란 결심과 더 큰 노력으로 정부직능의 전환을 추진함으로써 개혁개방의 심화와 경제발전방식 전환의 가속화, 업무기풍의 전환, 사회 조화와 안정 유지라는 절박한 요구에 더 잘 적응해 나갈 것이다.

「중공 18기 2중전회 제2차 전체회의에서의 연설」(2013년 2월 28일)

정부직능 전환의 관건은 어디로 전환할 것인가, 어떻게 전환할 것인가를 명확하게 하는 데 있다. 경험을 총괄한 토대 위에서 우리는 현재 정부직능 전환의 전체 방향을 제기했는데, 이것은 18대 당대회에서 확정한 좋은 발전환경의 조성과 우수한 공공서비스 제공, 사회공평정의의 보호 등이다. 이러한 전체 방향에 따라 정부 직능의 범위를 과학적으로 설정하고 각급 정부조직의 구조를 개선하며 부문 간의 직책과 분업을 합리적으로 처리하여 책임 강화를 강조하고 권한과 책임이 일치하도록 한다.

「중공 18기 2중전회 제2차 전체회의에서의 연설」(2013년 2월 28일)

기구개혁과 직능전환을 추진하기 위해선 큰 것과 작은 것, 규제(收)와 탈규제(放), 정부와 사회, 관리와 서비스의 관계를 잘 처리해야 한다. 대부처(大部门) 제도는 안정적으로 추진해야 하지만 모든 직능부문을 확대하는 것은 아니며, 어떤 부서는 전문적인 직능부문으로, 어떤 부서는 종합적인 부문으로 만드는 것이다. 종합부문에서 필요한 경우 대부체제를 실시할 수 있지만 모든 종합부문이 대부체제를 실시하는 것은 아니며, 모든 관련 직능을 하나의 바구니 안으로 넣는 것도 아니다. 관건은 어떻게 배치해야 실제에 부합하고 과학적이고 합리적이며 더욱 효율이 있는지에 있다. 정부직능의 전환은 권력이양(放权)으로 지방의 적극성과 능동성을 발휘하게 할 필요가 있지만, 모든 권력을 이양한다는 것은 아니며 이양해야 할 것은 당연히 이양해야 하지만, 강화해야 할 것은 또한 강화해야 한다. 어떤 직능은 너무 분산되어 있어 오히려 힘을 모으지 못하는 경우가 있다. 우리는 사회업무 관리에서 사회적 역량의 역할을 발휘하게 해야 하는데, 어떤 일들은 정부가 관여할 수 없고 또 잘 관리하지도 못하기 때문이다. 군중들이 법에 따라 자아관리, 자아서비스를 실시할 수 있도록 하는 동시에 각 사회조직에 대한 규범과 지도를 강화해야 한다. 특히 다른 속셈이 있는 사람들이 사회조직이라는 깃발을 내걸고 불법적인 일을 하지 않도록 주의해야 한다. 정부는 서비스 직능이 실제적으로 이행되도록 해야 하며, 이는 조금도 의심의 여지가 없지만 또한 정부관리 직능 역시 매우 중요하며 잘 이행해야 한다는 점을 잊어서는 안 된다. 서비스만 얘기하고 관리를 얘기하지 않으면 안 된다. 서비스 안에 관리를 둔다는 것은 관리를 강조하는 것이며, 관리와 서비스는 어느 한 쪽을 소홀히 할 수 없다. 정부가 관리해야 하는 것은 관리해야 할 뿐 아니라 실제적으로 잘 관리해야 한다.

「중공 18기 2중전회 제2차 전체회의에서의 연설」(2013년 2월 28일)

과학기술 혁신과 경제사회발전 간의 긴밀한 결합을 추진하는 데 전력해야 한다. 관건은 정부와 시장의 관계를 잘 처리하는 데 있다. 개혁심화를 통해 과학기술과 경제사회발전 간의 채널을 서로 통하게 만들고 시장이 혁신적 자원 배분의 진정한 역량이 될 수 있도록 하며, 기업이 진정한 기술혁신의 주체가 되게 만든다. 정부는 국가경제와 민생, 그리고 산업의 명맥과 관련된 영역에 대해서는 적극적으로 나서 지원과 협조를 강화하고 기술방향과 노선을 총괄하여 확정한다. 국가 과학기술의 중대한 전문 분야나 프로젝트 등을 잘 활용하여 역량을 집중시키고 유리한 고지를 점해야 한다.

「18기 중앙정치국 제9차 집체학습에서의 연설」(2013년 9월 30일),

『인민일보』(2013년 10월 2일)

정부직능 전환에 힘을 기울여 이양해야 하는 권력에 대해선 적극적이고 능동적으로 이양하고, 잘 관리해야 하는 일에 대해서는 성실하게 책임을 다한다. "모든 것을 능가하는 위치"에서 벗어나 "비어있는 지점"을 보충한다.

「중공 18기 3중전회 제1차 전체회의에서의 연설」(2013년 11월 9일)

자원 배분에서 시장이 결정적 역할을 할 수 있도록 하고 정부 역할을 더 잘 발휘하게 하는 것은 이번 전체회의에서 결정하고 제기한 중대한 이론적 관점이다. 이는 경제체제개혁이 여전히 전면적 개혁심화의 중심이기 때문이며, 경제체제개혁의 핵심 문제는 여전히 정부와 시장관계를 잘 처리하는 것이다.

「'중공중앙의 전면개혁심화의 약간의 중대 문제에 관한 결정'에 대한 설명」

(2013년 11월 9일), 『인민일보』(2013년 11월 16일)

20여 년간의 실천을 거쳐 우리나라 사회주의 시장경제체제는 이미 초보적으로 완성되었지만, 여전히 적지 않은 문제가 존재한다. 주로 시장질서가 규범적이지 못해 정당하지 못한 수단으로 경제이익을 도모하는 현상이 광범위하게 존재한다. 생산요소시장의 발전이 느리고 요소가 방치되어있으며 많은 유효수요가 만족스런 공간을 얻지 못한다. 시장규칙이 통일되지 못하고 부문 이기주의와 지방 보호주의가 대량 존재한다. 시장경쟁이 충분하지 못해 우승열패와 구조조정을 방해하기도 한다. 이러한 문제들을 잘 해결하지 못하면 완벽한 사회주의 시장경제체제를 만들기 어렵다.

「'중공중앙의 전면적 개혁심화 관련 약간의 중대 문제에 관한 결정'에 대한 설명」

(2013년 11월 9일), 『인민일보』(2013년 11월 16일)

정부와 시장관계를 더욱 잘 처리하는 문제는 실제로 자원 배분에서 시장에게 결정적 역할을 맡겨야 하는지 아니면 정부가 결정적 역할을 해야 하는지의 문제를 잘 처리하는 데 있다. 경제발전을 위해선 자원, 특히 희소성 자원배분의 효율을 향상시켜야 하는데, 최소한의 자원을 투입해서 최대한의 제품을 생산해 최대치의 효율을 거둬야 한다. 이론과 실천은 시장의 자원 배분이 가장 효율적인 형식이라는 것을 증명해준다. 시장이 자원 배분을 결정하는 것은 시장경제의 일반적인 규칙이고, 시장경제는 본질적으로 시장이 자원 배분을 결정하는 경제다. 사회주의 시장경제체제를 확립하려면 반드시 이 규칙에 따라야 하고 불완전한 시장시스템, 지나친 정부 개입, 그리고 감독이 제대로 이루어지지 못하는 문제를 적극적으로 해결해야 한다. '자원 배분에 있어 시장이 결정적 역할을 발휘하게 한다'는 자리매김은 당과 사회 전체에서 정부와 시장 관계에 관한 정확한 관념을 수립하는 데 유리하고, 경제발전 방식의 전환에 유리하며, 정부 직능 전환에 유리하고 부정적인 부패현상을 억제하는 데 유리하다.

「'중공중앙의 전면개혁심화의 약간의 중대 문제에 관한 결정'에 대한 설명」

(2013년 11월 9일), 『인민일보』(2013년 11월 16일)

우리가 실행하는 것은 사회주의 시장경제체제이며, 우리는 여전히 사회주의 제도의 우월성과 당과 정부의 적극적인 역할을 지속적으로 발휘하게 할 것이다. 자원배분에서 시장이 결정적 역할을 발휘한다는 것이 결코 모든 역할을 하게 한다는 것은 아니다.

「'중공중앙의 전면개혁심화의 약간의 중대 문제에 관한 결정' 에 대한 설명」
(2013년 11월 9일), 『인민일보』(2013년 11월 16일)

사회주의 시장경제가 발전하려면 시장의 역할 뿐 아니라 정부의 역할도 발휘되어야 하지만, 시장 역할과 정부 역할의 직능은 같지 않다. 전체회의 결정에서는 정부 역할을 더욱 잘 발휘하게 하기 위한 명확한 요구를 제기했다. 과학적인 거시적 조정과 효과적인 정부 거버넌스에 대한 강조는 사회주의 시장경제체제의 우월성을 발휘하게 하는 내재적 요구이다. 전체회의에서는 완전한 거시적 조정시스템, 정부직능의 전면적이고 정확한 이행, 정부조직구조의 합리적 배치에 대해 결정했고, 정부의 직책과 역할이 주로 거시경제의 안정 유지, 공공서비스 강화와 합리화, 공평한 경쟁의 보장, 시장 감독의 강화, 시장질서의 보호, 지속가능한 발전의 추진, 공동부유의 촉진, 시장 실패의 보완 등에 있음을 강조했다.

「'중공중앙의 전면개혁심화의 약간의 중대 문제에 관한 결정' 에 대한 설명」
(2013년 11월 9일), 『인민일보』(2013년 11월 16일)

전체회의 결정에서는 15차 당대회 이후 관련 서술 내용을 견지하고 발전시키기로 하면서, 혼합소유제 경제의 적극적 발전, 국유자본과 집체자본, 비공유자본 간의 교차 주식보유, 상호 융합의 혼합소유제경제 등이 기본적인 경제제도의 중요한 실현 형식으로 국유자본의 기능 확대와 가치보유와 증식, 경쟁력 제고에 유리하다는 점을 제의했다. 이는 새로운 정세에서 공유제의 주체적 지위를 견지하고 국유경제의 활력과 통제력, 영향력을 증강시키는 효과적인 방법이며 필연적 선택이다.

「'중공중앙의 전면개혁심화의 약간의 중대 문제에 관한 결정'에 대한 설명」

(2013년 11월 9일), 『인민일보』(2013년 11월 16일)

국유기업은 국가 현대화를 추진하고 인민의 공동이익을 보장하는 중요한 힘이다. 다년간의 개혁을 거치면서 국유기업은 전체적으로 이미 시장경제와 융합할 수 있게 되었다. 또한 국유기업에는 일부 문제가 쌓이고 폐단이 존재하여 한층 더 개혁을 추진할 필요가 있다.

「'중공중앙의 전면개혁심화의 약간의 중대 문제에 관한 결정'에 대한 설명」

(2013년 11월 9일), 『인민일보』(2013년 11월 16일)

기본적인 경제제도를 견지하고 개선하기 위해서는 '두 가지 추호의 동요도 없는 것(兩个毫不动搖)'*을 견지해야 한다. 전체회의 결정에서는 다양한 측면에서 비공유제경제의 발전을 위한 장려와 지원, 지도, 그리고 비공유제경제의 활력과 창조력을 불어넣는 개혁 조치를 제기했다. 기능의 위상에 대해서는 공유제경제와 비공유제경제가 모두 사회주의 시장경제의 중요한 구성부분이고 우리나라 경제사회발전의 중요한 기초임을 명확히 했다. 재산권 보호에서는 공유제경제의 재산권을 침해할 수 없고 비공유제경제 재산권 역시 마찬가지로 침해

---

* 역주) 국유경제와 비국유경제 두 가지를 흔들림 없이 발전시키자는 내용의 슬로건이다.

할 수 없다는 점을 명확히 했다. 정책 대우 측면에서는 권리평등, 기회평등, 규칙평등의 견지와 통일적인 시장진입허가제도의 실행을 강조했다. 비공유제기업의 국유기업 개혁 참여, 비공유자본이 주식을 보유한 혼합소유제기업의 발전, 조건을 갖춘 사영기업의 현대기업제도 건립 등을 장려했다. 이는 바로 비공유제경제의 건강한 발전을 추동하는 것이다.

「'중공중앙의 전면개혁심화의 약간의 중대 문제에 관한 결정'에 대한 설명」
(2013년 11월 9일), 『인민일보』(2013년 11월 16일)

전체회의 결정에서는 규범적이고 투명한 공개예산제도의 실시, 중앙의 직권과 지출 책임의 적절한 강화, 국방·외교·국가안전, 그리고 전국의 통일시장 규칙 및 관리와 관련된 업무 등은 중앙의 직권에 두기로 제의했다. 부분적인 사회보장, 여러 지역과 관련된 중대한 프로젝트 건설 보호 등은 중앙과 지방의 공동 직권으로 두어 업무관계를 점차 합리적으로 조정해 나가기로 했다. 중앙은 이전 지출(轉移支付)의 배치를 통해 일부 지출 책임을 지방의 책임으로 위탁할 수 있다. 여러 지역과 관련되고 다른 지역에 미치는 영향이 큰 공공서비스에 대해서는 중앙에서 이전 지출을 통해 부분적인 지방의 지출책임을 맡는다.

이러한 개혁조치의 주요 목적은 직권을 명확히 하고 세제 개혁, 납세부담의 안정, 예산의 투명성, 효율 향상을 위해서이며, 경제발전방식의 전환과 공평한 통일시장 건립에 유리하고 기본 공공서비스의 균등한 추진에 유리한 현대재정 제도 건립을 가속화하고, 중앙과 지방의 재정력과 직권이 서로 부합하는 재정 세무체제를 형성하여 중앙과 지방 양 측면의 적극성을 더 잘 발휘하도록 하는 데 있다.

「'중공중앙의 전면개혁심화의 약간의 중대 문제에 관한 결정'에 대한 설명」
(2013년 11월 9일), 『인민일보』(2013년 11월 16일)

경제체제개혁을 중점으로 하여 경제체제개혁이 견인적 역할을 발휘하게 한다. 전체회의 결정에서는 '여섯 가지 에워싸기(六个緊緊围绕)'*라는 용어로 전면적 개혁심화의 로드맵을 그려냈고, 경제체제개혁을 중점으로 하여 경제체제개혁이 견인적 역할을 맡는다는 점을 특별히 강조했다. 우리나라는 여전히 장기적으로 사회주의 초급단계에 놓여 있어야 하는 국정의 기본이 변하지 않았고, 인민들의 날로 증가하는 물질문화에 대한 요구와 뒤떨어져 있는 사회생산 간의 모순이라는 사회의 주요모순도 변하지 않았다. 세계 최대의 개발도상국이라는 국제적 지위도 변하지 않았다. 이는 경제건설이 여전히 당 전체의 핵심적 사업이어야 함을 결정해준다.

「실질적으로 사상을 당의 18기 3중전회 정신으로 통일시키자」(2013년 11월 12일),
『구시』 2014년 제1기

현재 과학적 발전을 제약하는 체제적 장애는 경제영역에 적지 않게 집중되어 있고, 경제체제개혁의 임무를 완성하기 위한 길은 요원하며, 경제체제개혁의 잠재력은 아직 충분히 분출되어 나오지 못했다. 경제건설 중심을 확고하게 견지하기 위해서는 경제체제개혁 중심이라는 확고함을 견지해야 한다.

「실질적으로 사상을 당의 18기 3중전회 정신으로 통일시키자」(2013년 11월 12일),
『구시』 2014년 제1기

---

* 역주) 여섯 가지 중점적으로 추진해야 하는 개혁 분야, 즉 경제체제, 정치체제, 문화체제, 사회체제, 생태문명체제, 당의 건설제도 등의 개혁을 말한다.

경제체제개혁은 다른 분야의 개혁에 대해 중요한 영향력과 전달효과를 갖고 있다. 중대한 경제체제개혁의 진행 정도는 다른 많은 분야의 체제개혁 속도를 결정하며 전체 국면에 충격을 주는 효과를 갖고 있다. 마르크스는 『정치경제학 비판』 서문에서 다음과 같이 말한다. "인간은 생활 속의 사회적 생산 중에서 일정하고, 필연적이며, 다른 이들의 의지로 전이되지 않는 관계, 즉 그들의 물질 생산력의 일정한 발전 단계와 서로 호응하는 생산관계가 발생한다. 이러한 생산관계의 총화는 사회적 경제구조, 즉 법적, 정치적 상부구조가 세워지고 그 위에 일정한 사회적 의식 형태들과 이에 상응하는 현실적 토대를 구성한다." 전면적인 개혁심화 과정에서 우리는 경제체제개혁을 주축으로 하여 중요한 영역과 관건적인 부분에 대한 개혁에서 새로운 돌파를 찾고, 이로써 다른 영역의 개혁을 견인하고 이끌어야 한다. 이렇게 해서 각 분야의 개혁이 서로 힘을 모아 협조적으로 추진되어야지, 각자 자기주장대로 해서 힘을 분산시켜서는 안 된다.

「실질적으로 사상을 당의 18기 3중전회 정신으로 통일시키자」(2013년 11월 12일),
『구시』 2014년 제1기

사회주의 시장경제 개혁의 방향을 견지한다. 사회주의 시장경제체제 건립이라는 개혁목표를 제의했는데, 이는 우리 당이 중국특색 사회주의 건설을 추진하는 과정에서 나타난 중대한 이론이자 실천적 혁신으로, 세계 다른 사회주의 국가들이 장기적으로 해결하지 못한 중대한 문제를 해결한 것이다.

「실질적으로 사상을 당의 18기 3중전회 정신으로 통일시키자」(2013년 11월 12일),
『구시』 2014년 제1기

사회주의 시장경제 개혁의 방향을 견지하는 데 핵심적 문제는 정부와 시장의 관계를 잘 처리하여 자원배분과정에서 시장이 결정적 역할을 하고 정부가 제 역할을 더 잘 발휘하는 것에 있다. 이는 우리 당이 이론과 실천에서 거둔 또 하나의 중대한 진전이다.

「실질적으로 사상을 당의 18기 3중전회 정신으로 통일시키자」(2013년 11월 12일),

『구시』 2014년 제1기

사회주의 시장경제 개혁 방향의 견지는 경제체제개혁의 기본적인 규칙이며 전면적 개혁심화의 중요한 근거다. 자원배분에서 시장이 결정적 역할을 발휘한다는 것은 주로 경제체제개혁과 관련되지만, 정치, 문화, 사회, 생태문명, 당의 건설 등 각 영역에도 영향을 미치게 된다. 각 분야의 체제개혁이 완벽한 사회주의 시장경제체제 건립이라는 방향으로 협조적으로 나아갈 수 있게 하고 또한 각 분야 자체와 관련된 부분이 사회주의 시장경제 발전에서 제기한 새로운 요구에 더 잘 적응할 수 있도록 만든다.

「실질적으로 사상을 당의 18기 3중전회 정신으로 통일시키자」(2013년 11월 12일),

『구시』 2014년 제1기

도시화 추진에 있어서 두 가지 관계에 주의해야 한다. 첫 번째는 시장과 정부의 관계로, 자원배분에서 시장이 결정적 역할을 발휘할 수 있게 하는 동시에 정부가 제도 환경 마련이나 발전계획의 편성, 기초시설 건설, 공공서비스 제공, 사회관리 강화 등의 분야에서 그 역할을 더 잘 발휘할 수 있게 해야 한다. 두 번째는 중앙과 지방의 관계로, 중앙은 대정(大政)방침을 제정하고 도시화라는 전체 계획과 전략적 배치를 확정하며, 성과 성급 이하 지방에서는 실제에서 출발하여 전체 계획을 착실하게 관철시키고 관련 계획을 제정하며 건설과 관리 업무를 창조적으로 전개한다.

「중앙도시화공작회의에서의 연설」(2013년 12월 12일)

사람의 도시화를 추진하면서 한 가지 중요한 부분이 호적제도이다. 당 18기 3중전회의 정신에 따라 진(镇)과 소도시의 호구제한을 전면적으로 완화하고 중등도시의 호구제한은 순서대로 완화하며 대도시 호구조건을 합리적으로 확정하고 특대도시 인구 규모를 엄격히 통제한다.

「중앙도시화공작회의에서의 연설」(2013년 12월 12일)

건설용지의 관리 소홀 문제를 해결하는 데 있어서 관건은 역시 제도에 의존해야 한다는 것이다. 토지제도개혁은 사소한 조치도 전체 국면에 영향을 미칠 수 있는데, 마지노선을 지키면서도 시범적으로 실시한다는 원칙에 따라 안정적으로 추진해 나간다. 토지공유제의 성격은 변할 수 없고 경작지 경계선도 움직일 수 없으며, 농민의 이익이 손해를 보아서는 안 된다. 이러한 기초 위에서 질서있게 탐색해 나간다.

「중앙도시화공작회의에서의 연설」(2013년 12월 12일)

현재 각 지역 모두 농촌 토지도급(承包)경영권의 유통·매매(流转) 실험을 적극적으로 추진하고 있는데, 이는 일부 지방에서 농촌 토지가 과도하게 분산되어 있는 상황을 바꾸고 농업생산효율을 높이는 데 유리하다. 이러한 과정에서 농민의 뜻을 존중하고 농민의 권익을 보장하며 토지가 과도하게 소수에게 집중되는 것을 방지해야 한다. 토지용도에 근본적 변화가 생겨 농촌의 빈부격차가 커지게 해서도 안 된다. 또한 토지개혁과 도농일체화라는 이름으로 도시건설용지 증가라는 이득을 보려하는데, 이렇게 거짓말을 하고 사람들을 기만하는 일을 해서는 안 된다.

「중앙도시화공작회의에서의 연설」(2013년 12월 12일)

도시기초시설과 보장성 주택 모두 이윤이 없거나 적은 업종으로 상업적 수익이 떨어지고 자금회수가 길지만 사회적 효과가 좋기 때문에 정책성 금융기관에서 저비용, 장기간의 융자서비스를 제공해야 하는데, 모두 상업은행에 의존할 수는 없다. 정책성 금융기관의 개혁을 추진하기 위해서는 현재 기존의 정책성 금융기관이 도시화 과정에서 중요한 역할을 할 수 있도록 하는 동시에 도시기초시설, 주택정책성 금융기관의 설립을 연구하여 도시기초시설과 주택건설을 위해 규범적이고 투명하며 비용이 합리적이고 기한이 적절한 융자서비스를 제공해야 한다.

시장의 진입장벽을 줄이고 비공유제기업이 특허경영 영역에 진입할 수 있는 방법을 제정하며 사회자본이 도시공용시설 투자운영에 참여할 수 있도록 지원하고 부분적인 준공익성 기초시설건설 경영자금의 출원 문제를 해결한다. 도시기초시설 서비스 가격문제를 잘 해결하여 투자자들이 투자할 만한 가치가 있다고 여기고 장기적인 안정적 수익을 거둘 수 있도록 한다.

「중앙도시화공작회의에서의 연설」(2013년 12월 12일)

현재 도급경영권을 유통·매매하는 농민 가정이 갈수록 많아지고 있는데, 토지 도급권(承包权)의 주체와 경영권 주체의 분리는 우리나라 농업 생산관계 변화의 새로운 추세이다. 이러한 변화는 농촌의 기본경영제도 개선을 위한 새로운 요구를 제기한다. 농촌 토지집체소유제의 효과적인 실현 형식을 부단히 탐색하고 집체소유권을 정착시키며 농가생산 도급권을 안정화하고 토지경영권의 제한을 완화해야 한다. 농가 가정경영을 기초로 하고 협력과 연합을 유대와 사회화 서비스로 받쳐주는 입체식 복합형 현대농업경영체계의 구축을 가속화한다.

「중앙농촌공작회의에서의 연설」(2013년 12월 23일)

개혁이전 농촌 집체토지는 소유권과 경영권이 하나로 합쳐져, 토지 집체소유, 집체 통일경영이었다. 가정연합생산책임제(家庭聯産承包制)를 실시하면서 토지소유권과 도급경영권을 분리하고 소유권을 집체로, 도급경영권을 농가로 귀속시켰다. 이는 우리나라 농촌 개혁의 중대한 혁신이다. 현재 토지도급권을 그대로 유지하고 토지경영권을 유통·매매시키자는 농민들의 염원에 따라 농민의 토지도급 경영권을 도급권과 경영권으로 분리하여 도급권과 경영권을 따로 배치했다. 이는 우리나라 농촌개혁의 또 한 번의 중대한 혁신이다. 이는 토지에 대한 집체 소유권을 유지하고 토지에 대한 농가 도급권을 보장하며 토지경영권을 잘 활용하여 현대농업 발전을 추진하는 데 유리할 것이다.

「중앙농촌공작회의에서의 연설」(2013년 12월 23일)

농촌토지제도개혁은 큰 사업으로 이익관계를 포함해 관련된 주체들이 매우 복잡한 일이다. 반드시 신중하고 안정적으로 추진해야 한다. 어떻게 개혁하든

지간에 농촌 토지집체소유제가 붕괴되어서는 안 되며, 경작지를 감소시키거나 식량 생산량이 하락하거나 농민의 이익이 손해를 입게 해서는 안 된다. 토지경영권 유통·매매의 관리와 서비스를 강화하고 토지경영권 등 토지재산권 유통·매매 거래를 공개하며 공정하고 규범적으로 운행한다. 각급 당위원회와 정부는 농촌토지제도개혁 사업에 대한 영도를 강화하고, 관련부서는 업무방안 혹은 시범방안을 서둘러 제정하고 지도·감독 관리를 강화한다.

「중앙농촌공작회의에서의 연설」(2013년 12월 23일)

새로운 투자·융자 루트의 개척을 연구하려면 '삼농(三农)'의 안정적인 성장을 보장하는 장기적이고 효과적인 메커니즘을 건립해야 한다. 농촌금융은 여전히 오래된 어렵고 큰 문제로 이 문제를 해결하기 위한 관건은 체제 메커니즘과 정층설계 수준에서 공을 많이 들여야 하는 데 있다. 농민합작금융의 시도를 장려하고 농업 농촌 특징에 적합한 금융체계를 만들어야 한다.

「중앙농촌공작회의에서의 연설」(2013년 12월 23일)

작년 11월 중앙 18기 3중전회에서는 전면적 개혁심화를 위한 총괄적인 계획을 내놓으며 개혁의 로드맵과 시간표를 제안했다. 15개 영역과 330여개 항목의 비교적 큰 개혁 조치들과 연관되어 있다. 그중 핵심은 경제체제개혁의 심화로 통일되고 개방적이며 경쟁적인 질서 있는 시장시스템을 건설하여 자원 배분에서 시장이 결정적 역할을 하고 정부 역할이 잘 발휘되도록 하는 데 있다.

「중국과 독일의 협력이 중국과 유럽, 세계에 행복을 가져다 준다」(2014년 3월 28일),
『인민일보』(2014년 3월 29일)

06

중국특색 사회주의
정치발전의 견지,
사회주의 정치제도의
자기완성과 발전
(坚定不移走中国特色社会主义政治发展道路,
不断推进社会主义政治制度自我完善和发展)

중국특색 사회주의 정치발전의 견지,
사회주의 정치제도의 자기완성과 발전
(坚定不移走中国特色社会主义政治发展道路,
不断推进社会主义政治制度自我完善和发展)

　　정확한 정치방향을 견지하고, 중국특색 사회주의 정치발전의 길로 확고하게 흔들림 없이 나아간다. 개혁개방 이후 우리 당은 인민들을 단결시키고 영도하여 사회주의민주정치의 발전 측면에서 중대한 성과를 거두었고, 중국특색 사회주의 정치발전의 길을 성공적으로 열고 견지하여 광범위한 인민 민주의 실현을 위한 정확한 방향을 확립했다. 이러한 정치발전의 길의 핵심적 사상, 주체적 내용, 기본적 요구는 모두 헌법에서 확립되고 구현된 바 있으며, 그 정신은 실제로 긴밀한 관련이 있고 상호 소통하고 상호 촉진되는 것이다. 국가의 근본적 제도와 근본적 임무, 국가의 영도핵심과 지도사상, 노동계급이 영도하고 노농(工农)연맹을 기초로 한 인민민주독재(专政)라는 국체(国体), 인민대표대회제도라는 정체(政体), 중국공산당이 영도하는 다당 합작과 정치협상제도, 민족구역자치제도 및 기층군중자치제도, 애국통일전선, 사회주의법제원칙, 민주집중제 원칙, 인권 존중과 보장의 원칙 등 헌법에서 확립한 이러한 제도와 원칙에 대해 우리는 장기적으로 견지하고 전면적으로 관철시키며 부단히 발전시켜 나갈 것이다.

「수도에서 개최된 현행 헌법 공포 30주년 기념대회에서의 연설」(2012년 12월 4일),
『인민일보』(2012년 12월 5일)

중국특색 사회주의 정치발전의 길을 견지하는 관건은 당의 영도, 인민의 주인됨(当家作主), 의법치국(依法治国)의 유기적인 통일을 견지하는 데 있다. 인민의 주인됨의 보장을 근본으로 하고 당과 국가 활력의 강화, 인민의 적극성 동원을 목표로 하여 사회주의 민주를 확대하고 사회주의 정치문명을 발전시켜 나간다. 우리는 국가의 모든 권력이 인민에 속한다는 헌법 이념을 견지할 것이고, 헌법과 법률 규정에 따라 가장 광범위하게 인민을 동원하고 조직하여 각급 인민대표대회를 통해 국가권력을 행사하고 각종 루트와 형식을 통해 국가와 사회업무, 경제와 문화사업을 관리하며, 공동건설, 공동향유, 공동발전으로 국가와 사회와 자기 운명의 주인이 되게 할 것이다. 우리는 헌법에서 확립한 민주집중제 원칙과 국가 정권체제와 활동준칙에 따라 인민대표대회가 국가권력을 집중해서 행사하고 정책결정권, 집행권, 감독권 실행을 합리적으로 나누는 동시에 상호 협력하게 만들어, 국가기관이 법에서 정한 권한과 절차에 따라 직권을 행사하고 직책을 이행하도록 보장하고, 국가기관이 각종 사업을 통일적이고 효과적으로 조직할 수 있도록 보장한다. 우리는 헌법에서 확립한 체제와 원칙에 근거하여 중앙과 지방관계, 민족관계, 각 분야의 이익관계를 정확히 처리하고, 모든 적극적인 요소를 동원하여 민주적으로 단결하고 생동감이 넘치며 안정적으로 조화를 이루는 정치적 국면을 견고하게 발전시켜 나갈 것이다. 우리는 인민민주 확대와 경제사회발전 촉진이라는 새로운 요구에 적응하여, 정치체제개혁을 적극적이고 안정적으로 추진해 나가야 한다. 더욱 광범위하고 더욱 충분하게, 더욱 완벽한 인민 민주를 발전시키고 우리나라 사회주의 정치제도의 우월성을 충분히 발휘하며 사회주의 정치제도의 자기완성과 발전을 끊임없이 추진해 나간다.

「수도에서 개최된 현행 헌법 공포 30주년 기념대회에서의 연설」(2012년 12월 4일),
『인민일보』(2012년 12월 5일)

우리는 당이 전체 국면을 총괄하고 각 분야를 조화시키는 영도적 핵심 역할을 견지해 나갈 것이고, 의법치국의 기본 방략과 의법집정(依法执政)이라는 기본 형식을 견지하여 당의 주장이 법적 절차를 통해 국가의지가 되게 하고 당 조직이 추천한 인선이 국가정권기관의 지도자가 되게 하며, 국가정권기관을 통해 국가와 사회에 대한 당의 영도를 실시하고 국가권력기관과 행정기관, 심판기관, 검찰기관이 헌법과 법률에 따라 독립적으로 책임을 지고 조화를 이루도록 사업을 전개해 나갈 것이다. 각급 당 조직과 당원 영도간부들은 앞장서서 법치를 엄격히 실행하고 법에 근거한 집정능력과 수준을 끊임없이 향상시키며 각 분야 국정 통치 활동의 제도화와 법률화를 부단히 추진할 것이다. 각급 영도간부들은 법치 사고와 법치 방식을 활용하여 개혁 심화, 발전 추진, 갈등 해결, 안정유지 능력을 향상시키고, 법에 따라 일을 처리하고 일이 생기면 법에 근거하며 문제의 해법을 찾고 법에 따라 갈등을 해결하는 양호한 법치환경을 조성하여 법치의 궤도 위에서 각 사업을 추진해 나가기 위해 노력해야 한다. 우리는 권력행사에 대한 견제와 감독시스템을 개선하고 권한이 있으면 반드시 책임이 따르고, 권력을 행사하면 감독을 받으며 직책을 다하지 못하면 책임을 묻고 위법하면 책임을 추궁하여 인민이 부여한 권력이 시종 인민의 이익을 위해 쓰일 수 있도록 보장한다.

「수도에서 개최된 현행 헌법 공포 30주년 기념대회에서의 연설」(2012년 12월 4일),
『인민일보』(2012년 12월 5일)

권력행사에 대한 견제와 감독시스템을 개선하려면 인민이 권력을 감독하게 하고 권력이 투명하게 운행되도록 하며 국가기관이 법정 권한과 절차에 따라 권력을 행사할 수 있도록 한다. 법치 사고와 법치 방식으로 부패에 반대하고 반부패 국가 입법을 강화하며 부패 반대와 청렴 제창을 위한 당내 법규제도건설을 강화하여 법률제도가 확고하게 운행되도록 해야 한다. 겉으로 보이는 것만 고치고 근본적인 문제를 해결하지 않는 것은 발본색원만 못하다. 원천적이고 효과적인 부패방지를 위해서는 전형적인 안건에 대한 상세한 분석을 강화하고 그 속에서 일정한 규칙을 찾아내어 부패문제가 많이 발생하는 영역과 부분에 대한 개혁을 심화시킨다. 체제 장애와 제도적 공백은 최대한도로 감소시킨다. 권력행사에 대한 견제와 감독을 강화하려면 권력을 제도의 틀 안으로 넣어서 감히 부패하지 못하게 하는 징벌기제, 부패할 수 없게 하는 방비기제, 부패하기 어려운 보장기제를 형성한다.

「제18기 중앙기율검사위원회 제2차 전체회의에서의 연설」(2013년 1월 22일)

중앙은 근검절약을 엄격히 시행하고 겉치레와 낭비에 반대하여 많은 간부와 군중들의 진심 어린 지지를 얻었다. 후속 사업 역시 계속 진행해야 한다. 형식적이고 일시적인 기풍을 방지하고 한번 잡으면 끝까지 유종의 미를 거둔다. 엄격하게 하지 않고 확실하지 않으며 규칙적이지 못하면 잡아도 헛잡은 것이 된다. 그동안 사회 각 분야에서는 이에 대한 적극적인 건의와 대책 제안이 있었고, 적지 않은 의견들이 주목할 만한 가치가 있었다. 합리적인 의견들을 정리하여 수용하고 우리 자신의 경험과 교훈을 총평가하며 국내외 유익한 방법들을 참고한다. 다음 단계의 관건은 제도건설이라는 핵심 부분을 잘 파악하여 공무접대, 재무예산과 회계감사, 인사문책, 감독보장 등의 제도 개선을 꽉 틀어쥐고 입체적이고 전방위적 제도시스템의 건립에 노력하는 데에 있다. 확고한 제도적 제약과 엄격한 제도 집행, 강력한 감독 감사, 엄격한 징벌기제 등으로 공금을 사용하는 과정에서 나타나는 각종 법규·기율 위반 현상을 철저하게 억제해야 한다.

「공금으로 먹고 마시는 현상을 억제하기 위한 전문가들의 분석과 건의 등에 대한
서면 의견(批示)」『인민일보』(2013년 2월 22일)

우리는 입법계획을 개선하고 입법의 중점을 부각시키며 법률의 제정·수정·폐지를 동시에 추진한다. 입법의 과학화와 민주화 수준을 향상시키고, 법률의 목표성, 적시성, 체계성을 향상시킨다. 입법업무 기제와 절차를 개선하고 대중의 질서 있는 참여를 확대하며 각 분야의 의견을 충분히 청취하여 법률이 경제사회 발전의 요구를 정확하게 반영할 수 있도록 하고 이익관계를 더 잘 조화시키며 입법의 선도적 역할과 추동 역할을 발휘할 수 있도록 한다.

「18기 중앙정치국 제4차 집체학습에서의 연설」(2013년 2월 23일)

공정한 사법을 견지하는 데 해야 할 일이 매우 많다. 우리는 인민대중들이 모든 사법 안건에서 공정함과 정의를 느낄 수 있도록 노력해야 하며 모든 사법기관이 이러한 목표에 매달려 업무를 개진해야 한다. 사법의 공정성에 영향을 미치고 사법능력을 제약하는 근본적인 문제를 중점적으로 해결한다.

「18기 중앙정치국 제4차 집체학습에서의 연설」(2013년 2월 23일)

행정체제개혁을 추진하려면 적극적이고 타당하게, 질서 있게 점진적으로, 성숙한 부분을 먼저 시행한다. 주요 모순과 핵심 문제를 잘 파악하여 직능 전환을 더 두드러진 위치에 놓고, 기존의 개혁성과를 확고히 하면서 중대한 난제들은 힘을 모아 해결한다. 오이가 익으면 꼭지가 떨어지고 물이 흐르는 곳에 도랑

이 생기듯이, 조건이 성숙되고 합의가 모아진 일이면 먼저 추진하고 바꿀 수 있는 것은 먼저 바꾼다. 상부구조는 경제적 토대 발전이란 요구에 부단히 적응해야 하지만, 이는 끊임없는 조정의 과정으로 단번에 일을 처리할 수는 없으며, 한 번의 개혁으로 모조리 해결할 수 없다. 어떤 개혁은 더 탐색해야 하고, 시간이 필요하며 더 많은 합의와 경험을 축적하고 조건이 성숙한 뒤에야 다시 추진할 수 있다.

「중공 18기 2중전회 제2차 전체회의에서의 연설」(2013년 2월 28일)

정부직능을 어느 수준까지 전환시키느냐에 따라 법치건설 역시 그 수준까지 따라갈 수 있다. 정부직능의 전환에서 법치가 견인 및 규범 역할을 발휘할 수 있게 하려면, 새로운 법률 법규 제정을 통한 정부직능전환에서 이미 거둔 성과가 정부직능 전환의 다음 업무를 이끌고 추동할 수 있어야 하고, 부적합한 현행 법률 법규의 수정 혹은 폐지를 통해 정부직능 전환을 위한 장애물을 제거하는 것도 중시해야 한다. 인민이 권력을 감시하게 하고 권력이 투명하게 행사되며 법에 따라 행정을 진행해야 정부직능을 더욱 잘 전환할 수 있다. 법치정부 건설을 추진하려면 제도로 권력과 업무와 사람을 관리해야 하고 정무(政务) 공개제도를 개선하며, 권력이 있으면 책임을 다하고 권력을 행사하면 감독을 받고 법을 위반하면 끝까지 책임을 추궁해야 한다.

「중공 18기 2중전회 제2차 전체회의에서의 연설」(2013년 2월 28일)

우리는 지엽적인 것과 근본적인 것을 함께 다스리고 종합적으로 관리하며, 징벌과 방지를 동시에 진행하되 예방조치를 중시하고 더욱 과학적이고 효과적인 부패 방지·처벌·예방시스템의 건설을 전면적으로 추진한다. 반부패 청렴을 위한 당내 법규 제도건설을 강화하고 반부패 국가입법을 강화하며 반부패 법률제도의 집행력을 향상시켜 법률제도가 제대로 운행될 수 있도록 한다. 과학적 내용, 엄격한 절차, 완벽한 조합을 갖추고 효과적이고 실질적인 반부패제도시스템을 조속히 형성한다. 전형적인 안건에 대한 상세한 분석을 강화하고 그 속에서 일정한 규칙을 찾아내어 부패문제가 많이 발생하는 영역과 부분에 대한 개혁을 심화시킨다. 체제 장애와 제도적 공백은 최대한도로 감소시키고, 원천적인 부패 방지를 위한 업무 영역을 확장시키려면 개혁심화를 통해 부패현상을 만연시키는 토양을 끊임없이 근절시켜야 한다.

「18기 중앙정치국 제5차 집체학습에서의 연설」(2013년 4월 19일)

협상민주는 우리나라 사회주의민주정치 특유의 형식이자 독특한 장점으로, 정치영역에서 당의 군중노선을 실현시키는 중요한 부분이다. 협상민주의 추진은 인민의 질서 있는 정치참여를 실현하고 당과 인민대중 간의 혈육관계를 밀접하게 하며 정책결정의 과학화와 민주화를 촉진하는 데 유리하다.

「'중공중앙의 전면개혁심화의 약간의 중대 문제에 관한 결정'에 대한 설명」
(2013년 11월 9일), 『인민일보』(2013년 11월 16일)

합리적 절차와 완벽한 고리를 갖춘 협상민주시스템을 구축하려면 국가정권기관과 정협 조직, 정당단체, 기층조직, 사회조직의 협상루트를 넓혀야 한다. 입법협상과 행정협상, 민주협상, 참정협상, 사회협상을 철저히 전개한다. 협상민주 과정에서 통일전선이 중요한 역할을 발휘하게 하고 인민 정협을 협상민주의 중요한 경로로 삼으며 인민 정협제도 시스템을 개선하고 협상내용과 협상절차를 규범화하며 협상민주형식을 넓혀 전문 협상, 연계(서□)협상, 업계협상, 안건처리협상을 더욱 활력 있고 체계적으로 조직하고 협상의 밀도를 증가시키며 협상의 성과를 향상시킨다.

「'중공중앙의 전면개혁심화의 약간의 중대 문제에 관한 결정'에 대한 설명」
(2013년 11월 9일), 『인민일보』(2013년 11월 16일)

우리 당의 정책과 국가 법률은 모두 인민의 근본 의지를 반영한 것으로 본질적으로 일치한다. 당의 정책은 국가 법률을 선도하고 안내하며, 입법의 근거이자 법 집행과 사법의 중요한 지침이다. 법적 절차를 통해 당의 주장을 국가 의지와 법률로 잘 만들려면, 법률을 통해 당 정책의 효과적인 실시를 보장하고 당이 전체 국면을 총괄하고 각 분야의 조화를 이루는 영도적, 핵심적 역할을 발휘하도록 보장해야 한다. 당의 정책이 국가 법률이 된 이후 법의 실행은 당의 의지를 관철시키는 것으로, 법에 따른 업무 처리는 당의 정책을 집행하는 것이다. 당은 인민이 제정한 헌법과 법률을 영도할 뿐 아니라 인민이 헌법과 법률을 집행하도록 이끈다. 당 자신은 헌법과 법률 범위 내에서 활동해야 하며 당이 입법을 영도하고, 법 집행을 보장하며 법 준수에 앞장서야 한다. 정법 업무는 당의 정책과 국가 법률의 권위성을 자각적으로 보호하면서 당의 정책과 국가 법률이 통일되어 정확하게 실시될 수 있도록 해야 하며, 양자를 대립시키거나 분리해서도 안 된다. 만약 양자 간에 모순이 발생하면 통일된 정확한 업무를 진행할 수 있도록 노력해야 한다.

「중앙정법공작회의에서의 연설」(2014년 1월 7일)

당 18기 3중전회에서는 사법체제개혁에 대한 중요한 계획을 세우며, 사법체제개혁에 대한 중앙의 높은 관심을 표명했다. 사법체제개혁은 정치체제개혁의 중요한 구성 부분으로, 국가 거버넌스 체계와 거버넌스 능력의 현대화를 추진하는 데 있어서 매우 중요한 의미를 갖는다. 정법기관은 영도를 강화하고 협력적으로 추진하며 실효를 거두도록 노력하고, 공정하고 효율적이며 권위적인 사회주의 사법제도의 건설을 가속화한다.

「중앙정법공작회의에서의 연설」(2014년 1월 7일)

한 국가가 어떠한 사법제도를 실행하느냐는 근본적으로 그 국가의 국정(国情)이 결정하는 것이다. 한 국가의 사법제도에 대한 평가의 관건은 국정에 부합하는지, 해당 국가의 실제적인 문제를 해결할 수 있는지의 여부에 있다. 그동안의 실천은 우리나라의 사법제도가 전체적으로 우리나라 국정과 발전 요구에 부합한다는 것을 증명해준다. 중국특색 사회주의 사법제도에 대한 자신감과 정치적인 확고한 신념을 강화해야 한다.

또한 우리나라 사법제도 역시 개혁 과정에서 끊임없이 발전하고 개선해 나가야 한다. 법 집행과 사법 과정에서 존재하는 문제의 원인은 다방면적이지만, 사법체제와 업무 기제의 불합리성과 관련된 것들이 많다. 예컨대 사법기관의 인적, 물적 요인은 지방의 제약을 받고, 사법 활동은 쉽게 개입을 받는다. 사법행정화 문제가 심각하여 심문(审)하되 판결(判)하지 않고, 판결하되 심문하지 않는다. 사법인원 관리는 일반 공무원 관리에 상당하는데, 이는 전문적 자질 향상이나 사건처리 능력을 보장하는 데 불리하다. 사법이 공개적이지 않고 불투명하며 블랙박스에서 조작의 여지를 남긴다. 이러한 문제들은 사법이 마땅히 보유해야 할 권리와 구제, 분쟁방지의 명분, 공권력을 제약하는 기능 발휘에 영향을 미칠 뿐 아니라, 사회공평과 정의의 실현에도 영향을 미친다. 이러한 문제를 해결하기 위해 사법체제개혁을 더욱 심화시켜야 한다.

「중앙정법공작회의에서의 연설」(2014년 1월 7일)

사법체제개혁을 심화시키려면 우선 정확한 정치방향을 견지해야 한다. 개혁을 전면적으로 심화시키는 것은 당과 인민의 사업을 더욱 발전시키기 위해서이지, 일부 사람들의 박수와 갈채에 영합하기 위해서가 아니라는 점을 분명히 했었다. 더욱이 서구의 이론이나 관점을 가지고 자신에게 맞추려 해서는 안 되며 우리나라 국정에서 출발하고 경제사회발전의 실제적인 요구에서 출발해야 한다. 나의 이러한 말은 사법체제개혁에서 더욱 잘 적용이 된다. 사법체제개혁은 당의 영도를 더 잘 견지하고, 우리나라 사법제도의 특색을 더 잘 발휘하게 하며 사회공평과 정의를 더 잘 촉진시켜야 한다. 이러한 방향에 부합하고 바꿔야 하고 바꿀 수 있는 것은 결단코 바꿔야 한다. 이러한 방향에 맞지 않고 바꿔선 안 되는 것은 절대 바꿀 수 없다. 단순히 베끼거나 기계적으로 이식하면 기후와 풍토에 맞지 않을 뿐 아니라, 심지어 근본적으로 뒤집혀질 수 있는 오류도 나타날 수 있다.

「중앙정법공작회의에서의 연설」(2014년 1월 7일)

사법체제개혁을 심화시키는 중요한 목적 중 하나는 사법 공신력을 향상시켜 사법이 사회공평과 정의를 보호할 수 있는 마지막 방어선의 역할을 진정으로 발휘할 수 있게 하려는 것이다. 판결권과 감찰권의 독립적이고 공정한 행사, 사법 권력의 운영기제 개선, 인권사법보장제도 개선 등 세 가지 측면을 법에 따라

보장하는 것에서부터, 사법공정에 영향을 미치고 사법능력을 제약하는 더 깊은 차원의 문제와 체제성, 구조성, 보장성 장애를 해결하도록 노력한다.

「중앙정법공작회의에서의 연설」(2014년 1월 7일)

직업 특징에 부합하는 사법인원 관리제도의 건립은 사법체제개혁을 심화시키는 과정에서 기본적인 위치를 차지하며 반드시 끌고 가야 할 핵심부분이다. 사법 활동은 특수한 성격과 규칙을 가지며, 사법권은 안건 사실과 법률에 대한 판단권과 판결권이다. 사법 종사자는 그에 상응하는 실천경력과 사회적 체험을 보유해야 하며 양호한 법률적 전문소양과 사법 직업의 품성을 구비해야 한다.

「중앙정법공작회의에서의 연설」(2014년 1월 7일)

반부패는 반드시 감독을 강화하고 권력을 잘 통제해야 한다. 권력을 제도라는 바구니 안으로 넣어야 하는데, 우선 그 바구니를 잘 만들어야 한다. 바구니가 너무 느슨하면 잘 만들었다 하더라도 잘 닫히지가 않아 마음대로 드나들 수 있게 되어 제 역할을 못하게 된다. 기율검사감찰파견기구의 감독역할 발휘, 순시(巡視)업무의 강화 및 개선, 영도간부담화제도의 건립, 인민대중의 신고와 감독 루트의 확대, 인터넷 감독을 포함한 여론감독 역할의 발휘 등 우리가 채택한 일련의 조치들이 지향하는 중요한 점은 바로 그 틀을 잘 만들고 감독을 강화하는 데 있다.

「제18기 중앙기율검사위원회 제3차 전체회의에서의 연설」(2014년 1월 14일)

실제 상황에서 보았을 때 반부패 성과에 영향을 미치는 문제는 주로 두 가지로, 하나는 반부패시스템 기제가 비합리적이고 기구직능이 분산되어 있으며 감독의 힘을 모으지 못한다는 점이다. 두 번째는 각종 요인의 영향을 받는 일부 안건에 대해서는 철저하게 조사하기 힘들다는 것이고, 어떤 지방의 부패안건은 자주 발생하여 책임을 추궁하는 데 최선을 다하지 못한다. 현존하는 문제를 해결하려면 역시 제도에 의존해야 한다.

「제18기 중앙기율검사위원회 제3차 전체회의에서의 연설」(2014년 1월 14일)

권력 제약과 감독 효과를 강화하려면 각급 기율위 감독권의 상대적인 독립성과 권위성을 보장해야 한다. 이번 3중전회에서는 당 기율검사업무의 이중영도체제를 구체화, 절차화, 제도화하고, 상급 기율위의 하급 기율위에 대한 영도를 강화하자고 제안했다. 부패안건의 조사·처리에 대해선 상급 기율위가 주도하고, 각급 기율위 서기·부서기에 대한 추천(提名)과 심사(考察)에 대해선 상급 기율위와 조직부가 공동으로 주관한다고 명확하게 규정하였다. 이는 반부패 업무에 대한 당의 영도와 당관간부(党管干部) 원칙을 견지할 수 있을 뿐 아니라, 기율위 감독권의 행사를 보장하여 반부패 업무에 전력하는 데 유리하다.

「제18기 중앙기율검사위원회 제3차 전체회의에서의 연설」(2014년 1월 14일)

권력에 대한 제약을 강화하려면, 권력을 합리적으로 분산하고 과학적으로 배분하며 서로 다른 성격의 권력은 서로 다른 부문, 단위, 개인이 행사하게 하고 과학적 권력구조와 운영기제를 만든다. 감독을 강화하려면 영도간부, 특히 일인자의 권력행사에 대한 감독을 중점적으로 진행해야 하고, 지도부 내부의 감독을 강화하며 행정감찰, 회계심사감독, 순시감독 등을 강화한다. 기율위 파견주재감독은 당과 국가기관 전 범위를 포괄해야 하고, 순시감독은 지방과 부문, 기업·사업단위를 포괄해야 한다. 공개성을 강화하려면 지방의 각급 정부와 그 업무부서의 권한 목록제도를 추진하고 법에 따라 권력의 운영과정을 공개하여 권력이 밝은 곳에서 운영될 수 있도록 하고, 많은 간부와 대중들이 공개적으로 감독하게 하여 권력의 정확한 행사를 보장한다.

「제18기 중앙기율검사위원회 제3차 전체회의에서의 연설」(2014년 1월 14일)

반부패시스템 기제 개혁의 중요한 측면 중 하나는 책임을 분명히 하고 구체화하는 것이다. 책임을 따지지 않고 책임을 추궁하지 않으면 아무리 제도가 좋아도 종이호랑이나 허수아비에 불과한 것이 된다.

「제18기 중앙기율검사위원회 제3차 전체회의에서의 연설」(2014년 1월 14일)

부패현상이 만연되는 토양을 지속적으로 뿌리 뽑으려면 반드시 각 영역의 개혁을 심화시켜야 한다. 모든 일에 미리 대비하면 이루어지고, 미리 대비하지 않으면 이루어지지 않는다. 역사의 경험은 우리에게 개혁이 낡은 것을 타파하고 새로운 것을 세우는 하나의 과정이었음을 말해준다. 만약 결합과 연결, 시기와 속도에 주의를 기울이지 않는다면 시스템 기제 상의 빈틈과 구멍이 쉽게 생겨나 일부 사람들에게 지대를 추구하고 부패를 할 수 있는 기회를 제공할 것이다. 이러한 현상은 개혁개방 이후 우리가 목도해왔던 바이다. 어떤 이들은 신구 제도 전환의 낙차와 시차를 이용해 사리를 탐하고 중간에서 제 배만 채우기도 했다. 가격 이중제도가 얼마나 많은 사람들을 살찌웠는가? 국유기업의 구조조정은 또 얼마나 많은 사람들을 기름지게 했는가? 과거를 잊지 말고 미래의 스승으로 삼아야 한다. 개혁의 체계성, 총체성, 협력성에 더욱 중점을 두려면, 부패방지를 함께 고려하고 함께 계획하며 함께 실시해야 제도적 공백이 나타나는 것을 막고, 발생할 수 있는 모든 부패의 틈새를 막아내어 건강하고 순조로운 개혁의 추진을 보장할 수 있다.

「제18기 중앙기율검사위원회 제3차 전체회의에서의 연설」(2014년 1월 14일)

시
진
핑,
개혁을
심화하라

07

문화체제개혁의 심화와
사회주의 핵심가치 체계의 강화
(深化文化体制改革,
加强社会主义核心价值体系建设)

문화체제개혁의 심화와
사회주의 핵심가치 체계의 강화
(深化文化体制改革, 加强社会主义核心价值体系建设)

사회주의 핵심가치 체계를 강화해야 한다. 부강과 민주, 문명, 조화를 장려하고, 자유와 평등, 공정, 법치를 장려하며, 애국과 근면, 성실, 우애를 장려해야 한다. 사회주의 핵심가치관을 적극적으로 교육하고 실천하여, 전체 인민이 공통으로 추구하는 가치관이 되게 하여야 한다.

「전국 선전사상 공작회의에서의 연설」(2013년 8월 19일)

현재의 상황과 발전 추세를 보았을 때, 인터넷 여론 업무를 선전과 사상 업무의 최대 중점 사항으로 파악할 필요가 있다. 선전과 사상 업무는 사람을 만드는 업무이다. 따라서 사람이 있는 곳에 그 업무의 중점이 있어야 한다. 우리나라 인터넷 사용자는 거의 6억 명에 달하고, 스마트폰 사용자는 4억 6천만 명이며, 웨이보(微博) 사용자는 3억 여 명에 달한다. 많은 사람, 특히 젊은 사람들은 기본적으로 주류 매체를 보지 않으며, 대부분의 정보를 인터넷에서 얻고 있다. 이 현실을 직시해야 한다. 여기에 역량을 집중시켜, 가능한 여론 전쟁에서 주도권을 가질 수 있도록 해야 하고, 주변으로 밀려나지 말아야 한다. '능력 부족(本领恐慌)'의 문제가 나타나지 않도록, 현대 미디어의 새로운 수단과 방법을 잘 배워서 이 방면의 전문가가 되어야 한다. 인터넷 여론 투쟁을 깊이 있게 전개하고, 인터넷 공격 및 침투 행위를 철저하게 대비하며, 잘못된 사상과 관점을 비판하고 반박하는 데 힘을 모아야 한다. 법에 근거하여 인터넷 사회 관리를 강화하고, 새로운 인터넷 기술과 응용에 대한 관리를 강화하며, 인터넷에 대한 관리 및 통제가 확실히 이루어질 수 있도록 해야 한다. 이를 통해 깨끗한 인터넷 공간을 이루어야 한다. 이 일이 쉬운 것은 아니지만, 아무리 어려워도 반드시 해야 하는 일이다.

「전국 선전사상 공작회의에서의 연설」(2013년 8월 19일)

오늘날의 선전과 사상 업무는 그 사회적 조건이 이전과 많이 달라지고 있다. 우리가 취했던 몇몇 방법들은 예전에는 효과적이었지만 지금은 별다른 효과를 보지 못하고 있다. 어떤 것들은 과거에는 시의적절하지 않았지만 이제는 반드시 해야 할 상황이다. 어떤 것들은 과거에는 뛰어 넘기 어려웠지만, 이제는 돌파가 필요하다. "날마다 새로워지지 않는 자는 날마다 퇴보하게 되어 있다(不日新者必日退)." "총명한 사람은 때에 맞춰 관리 방법을 바꾸고, 지혜로운 사람은 일에 따라 관리 방법을 정한다(明者因时而变, 知者随事而制)." 선전과 사상 업무는 과거 어느 때보다 더 많은 혁신을 필요로 하고 있다.

「전국 선전사상 공작회의에서의 연설」(2013년 8월 19일)

선전과 사상 업무의 혁신에서 그 중점은 이념의 혁신, 수단의 혁신, 그리고 기층 업무의 혁신에 있다. 이념의 혁신은 사상 방면의 통찰력과 개방성을 견지하면서 전통적인 사유의 방식을 타파하고 사상과 인식의 새로운 비약을 통해 새로운 국면을 마련하는 것이다. 수단의 혁신은 업무상의 어려운 문제를 해결하기 위해 새로운 조치와 방법을 적극적으로 모색하는 것이다. 특히 정보화가 지속적으로 추진되고 있는 새로운 사회 상황을 충분히 반영할 필요가 있다. 전통적인 매체와 새로운 매체를 함께 발전시킬 수 있는 방식을 서둘러 마련하고, 새로운 기술과 응용방법을 적극 활용하여 전파 방식을 혁신하며, 이를 통해 정보 전파에 있어서 유리한 고지를 차지해야 한다. 기층 업무의 혁신은 혁심의 중심을 기층 일선에 두어, 기층을 붙잡고 기초를 다지는 업무에 충실한 것이다.

「전국 선전사상 공작회의에서의 연설」(2013년 8월 19일)

문화체제의 개혁에서 내가 강조하고 싶은 것은 하나이다. 즉 대담한 개혁을 통해 문화사업의 전면적인 번영과 빠른 발전을 촉진하고 사회주의 문화강국을 건설하는 데 주력해야 하지만, 동시에 이데올로기적인 측면과 산업적인 측면을 정확히 파악하고 사회적인 효과와 경제적인 효과 사이의 관계를 정확히 파악하여, 사회주의 선진문화가 나아가야 할 방향을 변함없이 견지해야 하고 그 사회적 효과를 언제나 우선시해야 한다는 것이다. 무엇을 바꾸고 어떻게 바꾸든 상관없지만, 방향이 바뀌어서는 안 되고 근거지를 잃어서도 안 된다.

「전국 선전사상 공작회의에서의 연설」(2013년 8월 19일)

국제사회에서의 전파 능력 향상, 대외적인 선전 방식의 혁신, 그리고 담론 체계의 건설에 힘을 모아야 한다. 또한 중국이 세계와 소통할 수 있는 새로운 개념, 새로운 범주, 새로운 표현을 만드는 데 힘을 모아야 한다. 중국의 이야기를 하고 중국의 목소리를 전하여 국제사회에서 담론권을 강화하는 데 힘을 모아야 한다.

「전국 선전사상 공작회의에서의 연설」(2013년 8월 19일)

경제 건설이 당의 중심 업무라면 이데올로기 업무는 당의 지극히 중요한 업무이다. 개혁과 발전이 거듭되면서 상황은 복잡해지고 있고, 사회사상과 의식은 다양해지고 있으며, 매체의 형태에도 상당한 변화가 일어나고 있다. 잠시라도 이데올로기 업무를 느슨하게 처리해서는 안 되는 것이다. 이데올로기 업무의 지도 능력과 관리 능력, 담론 주도 능력을 확실히 장악하여 한순간이라도 놓쳐서는 안 된다. 그렇지 않으면 되돌릴 수 없는 역사적 착오를 저지르게 될 것이다. 주어진 방향과 전체적인 주변 환경, 인민을 위한 봉사, 개혁과 혁신이라는 요구에 맞춰 선전과 사상 업무에 충실해야 한다. 사회주의 문화건설을 강화하고, 주류 사상과 여론을 건실히 하며, 사상 통일과 역량 결집에 그 초점을 맞춰 추진해야 한다.

「중공 18기 3중전회 제1차 전체회의에서의 연설」(2013년 11월 9일)

이념의 혁신과 수단의 혁신, 그리고 기층업무의 혁신을 적극 추진하고, 특히 여론을 주도할 때 그 시기와 수준, 효과를 정확하게 파악할 필요가 있다. 현재의 중국과 외부 환경을 사람들이 전면적이고 객관적으로 인식할 수 있게 하고, 중국 특색 사회주의 길과 이론, 제도의 자신감을 강화시켜 가야 한다. 책임을 명확히 하고 협력을 이루어 전 당이 주도적으로 선전과 사상 업무에 임해야 한다. 영토 수호의 책임을 다한다는 자세로 선전과 사상 영역에 나타나는 핵심적인 문제를 제때 해결하여야 한다.

「중공 18기 3중전회 제1차 전체회의에서의 연설」(2013년 11월 9일)

중국특색 사회주의 문화의 발전 경로를 견지해야 한다. 사회주의 선진문화를 선양하고, 문화체제 개혁을 심화하며, 사회주의 문화의 대발전과 대번영을 추진하고, 전 민족의 문화 창조 활력을 강화해야 한다. 이를 통해 모든 문화 창조의 원천이 충분히 솟아날 수 있도록 해야 한다.

「18기 중앙정치국 제12차 집체학습에서의 연설」(2013년 12월 30일)

중화문화는 우리나라의 문화적 소프트파워를 제고하는 데 있어 가장 풍부한 원천이며, 또한 우리나라의 문화적 소프트파워를 제고할 수 있는 중요한 통로이다. 중화민족의 가장 기본적인 문화 기초가 현대 문화와 잘 어울릴 수 있게 하고 현대 사회와도 조화를 이룰 수 있게 해야 한다. 사람들이 즐길 수 있고 광범위하게 참여할 수 있는 방식을 모색해야 한다. 시공을 넘어서고, 국경을 초월하며, 항구적인 매력이 넘치고, 당대에도 가치가 풍부한 문화 정신을 선양해야 한다. 이를 통해 우수한 전통 문화를 계승하면서도 시대정신이 빛나는, 그리고 중국의 상황에서 출발하였음에도 세계를 지향하는 현대 중국 문화의 창조적 성과를 전파해야 한다. 체계적으로 전통 문화 자원을 정리하여, 궁궐에 보관되어 있는 문물과 광활한 자연 속에서 펼쳐져 있는 유산, 그리고 옛 서적 속에 적혀 있는 문자들이 모두 살아 움직일 수 있도록 해야 한다.

「18기 중앙정치국 제12차 집체학습에서의 연설」(2013년 12월 30일)

인문교류의 기제를 정비하고, 인문교류의 방식을 혁신하며, 각 지역과 부문, 그리고 영역이 자신의 역할을 충분히 다해야 한다. 대중전파와 군중전파, 그리고 사람 간 전파 등 다양한 방식을 종합적으로 운용하여 중화문화의 매력을 보여주어야 한다.

「18기 중앙정치국 제12차 집체학습에서의 연설」(2013년 12월 30일)

우리는 사회주의 핵심가치 체계와 핵심가치관을 양성하고 전파하는 데 힘써야 한다. 중국 특색과 민족 특색, 시대 특징이 충분히 반영된 가치 체계를 서둘러 구축하고, 가치 체계의 영역에서 유리한 고지를 차지할 수 있도록 노력해야 한다. 그런데 핵심가치 체계와 핵심가치관에서 도덕 가치는 매우 중요한 역할을 담당하고 있다. 나라에 덕이 없으면 흥할 수 없고, 사람에게 덕이 없으면 설 수 없다. 한 민족, 한 사람이 충분히 자신을 장악할 수 있는가의 문제는 상당 부분 도덕 가치에 의해 결정된다. 만약 우리 인민이 이 나라에서 형성되고 발전했던 도덕 가치를 견지할 수 없다면, 그리고 무분별하고 맹목적으로 서구의 도덕 가치를 추종하게 된다면, 우리 국가와 민족의 정신적 독립은 사라지고 말 것이다. 만약 우리가 정신적 독립을 잃게 된다면, 정치와 사상, 문화, 제도 등의 독립도 철저하게 사라지고 말 것이다.

「성부급(省部級) 주요 영도 간부의 18기 3중전회 정신을 학습하고 관철하는 전면 심화개혁 주제 연구토론반에서의 연설」(2014년 2월 17일)

우리가 제기하는 것이 사람들의 일상 생활과 밀접한 관계를 가질 수 있도록 주의하여 작고 세밀하며 현실적인 조치가 이뤄질 수 있도록 해야 한다. 사회주의 핵심가치관의 기본 요구에 맞춰 각 영역의 규정과 제도를 정비하고, 시민 간 약속과 농촌 자치 규약, 그리고 학생 규칙 등의 행위 준칙을 정비하여 사회주의 핵심가치관이 사람들의 일상 업무와 생활 속에서 기본 규율이 될 수 있도록 해야 한다.

「18기 중앙정치국 제13차 집체학습에서의 연설」(2014년 2월 24일)

예의(礼议)는 가치관을 드러내고 인민을 교화하는 효과적인 수단이다. 국기 게양식이나 성인의식, 입당 및 입단 의식 등 일련의 의식제도를 계획적으로 제 정하고 규범화할 필요가 있다. 중요한 기념일과 민족의 전통 명절 등을 잘 활용 하여 다양한 기념 활동을 조직적으로 전개하며, 이를 통해 주류 가치를 전파하 고 사람들의 정체성과 소속감을 강화하여야 한다. 중요한 의례 활동은 국가 차 원으로 승격하여 사회 교화의 역할을 담당케 해야 한다. 이것이 바로 '덕으로 이끌고 예로 통일하면 부끄러움을 알아 바르게 된다(道之以德, 齐之以礼, 有耻且 格)'는 것이다.

「18기 중앙정치국 제13차 집체학습에서의 연설」(2014년 2월 24일)

사회주의 핵심가치관을 기르고 선양하려면, 사상교육 및 실천훈련 뿐 아니 라 체제와 기제를 이용할 필요가 있다. 서구 국가들은 이러한 방면에서 상당한 노력을 기울이고 있다. 비록 집권당이 4년, 혹은 5년마다 계속 교체되지만, 그 들의 가치와 이념은 안정적이고 지속적이다. 가장 큰 원인은 그들의 제도 설계 와 정책 및 법규, 그리고 사법과 행정이 모두 핵심가치이념의 총괄 아래 있기 때 문이다. 정책의 방향 설정 기능을 강화하여 경제와 정치, 문화, 사회 등 각 방면 의 정책이 모두 사회주의 핵심가치관을 함양하는 데 도움이 되게끔 해야 한다. 사회주의 핵심가치관의 요구를 구속력 있는 법률과 규정으로 전환할 필요가 있 으며, 법률을 통해 핵심가치관 건설을 추진할 필요가 있다. 다양한 사회 관리는 사회주의 핵심가치관을 선양할 책임이 있으며, 일상적인 관리 속에서 가치 지 향을 드러낼 필요가 있다. 이를 통해 핵심가치관에 부합하는 행위는 격려를 받 을 수 있어야 하고, 핵심가치관에 위배되는 행위는 저지를 당할 수 있어야 한다.

「18기 중앙정치국 제13차 집체학습에서의 연설」(2014년 2월 24일)

사회주의 핵심가치체계의 건설과 사회주의 문화강국의 건설 방면에서, 문화 관리 체제 및 문화생산경영 기제를 정비하고, 건전하고 현대적인 공공문화 서비스 체계와 현대적인 문화 시장 체계를 건립함으로써 사회주의 문화의 대발전과 대번영을 추진해야 한다.

「중앙전면심화개혁영도소조 제2차 회의에서의 연설」(2014년 3월 1일)

시
진
핑,
개혁을
심화하라

08

사회체제개혁의 혁신과 공평정의의 촉진, 그리고 인민복지의 증진

(改革创新社会体制, 促进公平正义, 增进人民福祉)

사회체제개혁의 혁신과 공평정의의 촉진, 그리고 인민복지의 증진
(改革创新社会体制, 促进公平正义, 增进人民福祉)

우리 인민은 자신의 삶을 뜨겁게 사랑한다. 더 좋은 교육을 기대하고 있으며, 더 안정적인 직장과 더 만족스러운 수입, 더 믿을만한 사회보장, 더 높은 수준의 의료 서비스, 그리고 더 쾌적한 거주와 더 아름다운 환경을 기대하고 있다. 나아가 아이들이 더 잘 성장하길 바라며, 더 잘 일하고 더 잘 생활하길 바란다. 아름다운 생활을 향한 그들의 열망이 바로 우리가 분투하는 이유이다.

「18기 중앙정치국 상무위원회 국내외 기자회견에서의 연설」(2012년 11월 15일),
『인민일보』(2012년 11월 16일)

수천만 가구의 생활은 취업에 달려 있다. 현재 우리나라의 취업 상황을 보면, 전체적인 취업 압력이 심해지는 가운데 구조적인 노동력 부족과 인재 결핍 사이의 모순이 나타나고 있다. 몇몇 연해 지역에는 유동인구의 비중이 큰 가운데 노동력의 부족과 과잉이 주기적으로 발생하고 있다. 우리나라 노동인구는 많은 편에 속하지만 경기 하향의 부담에 직면해 있다. 만약 취업 문제를 잘 처리하지 못한다면 심각한 사회문제가 발생하게 될 것이다. 따라서 우리는 전체적인 사회경제발전에 주목하여 취업 업무에 임할 필요가 있다. 다양한 방식으로 일자리 수를 늘려야 하고, 일자리의 질과 노동인구, 특히 생계가 곤란한 인구의 취업 능력을 제고하는 데 주의를 기울여야 하며, 창업 환경을 개선하는 데 공을 들여야 한다. 모든 사람이 직업 훈련을 받을 수 있도록 제도를 정비하고, 적합한 노동력을 만들어내는 동시에 기업이 체제 전환과 업그레이드를 실현할 수 있도록 만들어야 한다.

「광둥성(广东省) 시찰 업무에서의 연설」(2012년 12월 7-11일)

　　수입 분배 제도의 개혁은 시스템을 전체적으로 고려해야 하는 매우 어렵고 복잡한 업무이다. 각 지방과 부문은 수입 분배 제도의 개혁이 갖는 중요한 의미를 충분히 인식할 필요가 있다. 수입 분배 제도를 실천하고 도시와 농촌 간의 수입 격차를 줄이며 소득 분배의 차이를 축소하고 수입 분배 과정을 규범화하는 데 초점을 맞춰, 인민 군중 속에 나타나고 있는 중요한 문제를 힘써 해결해야 한다.

「중공 18기 2중전회 제2차 전체회의에서의 연설」(2013년 2월 28일)

　　민생분야에서 체제 혁신을 서둘러 추진하여, 공공자원이 기층에까지 미치고 농촌 지역에 전면적으로 제공되며 사회적 약자에게 집중될 수 있도록 해야 한다. 네 가지가 핵심 업무인데 첫째, 중점을 붙들어야 한다. 인민에게 가장 중요하고 가장 직접적이며 가장 현실적인 이익문제에 초점을 맞추고, 가장 관심이 필요한 집단에 주의를 기울이며, 어려운 상황에 처한 이들에게 지원을 아끼지 말아야 한다. 둘째, 구체적이어야 한다. 최선을 다하는 것과 동시에 능력이 되는지를 따져 보아 현실 조건 속에서 할 수 있는 일을 해야 한다. 군중들이 볼 수 있고 느낄 수 있는 조치가 이뤄져야 하는 것이다. 절대 공수표를 남발해서는 안 되고 지나치게 높은 목표를 내걸어서도 안 된다. 그렇지 않으면 인민의 신임을 잃게 되고 만다. 셋째, 지속적이어야 한다. 민생 보장과 개선은 장기적인 임무로 이해해야 한다. 하나의 일에 이어 다른 하나의 일을 진행하고, 한 해에 이어 다음 한 해에 그 일을 하여야 한다. 조금도 나태해지는 것 없이 계속해서 앞을 향해 가야 한다. 넷째, 조직을 붙들어야 한다. 각급 간부들은 군중에 앞에서 그들과 함께 일을 하여 성실과 근면을 통해 행복한 생활을 만들어가야 한다. 간부는 열의가 있는데 군중이 열의가 없거나, 반대로 군중은 열의가 있는데 간부가 열의가 없는 일이 발생해서는 안 된다.

「하이난다오(海南島) 업무 시찰을 마치는 자리에서의 연설」(2013년 4월 10일)

당의 18대 정신을 깊이 있게 관철하고 실천하기 위해서 평안 중국을 중국특색 사회주의 사업의 전체적인 구도 속에 포함시킬 필요가 있다. '두 개의 백년'에 맞춰 세워진 목표로 나아갈 때, 평안 중국이라는 인민 군중의 요구를 그 방향으로 삼아야 한다. 기초에 대한 관리와 체계에 대한 관리, 종합적인 관리, 법에 의한 관리 등을 고수하여 심층의 문제를 해결하는 데 힘쓰고, 이를 바탕으로 평안 중국을 건설해야 한다. 인민이 편안한 생활 속에서 즐겁게 일하고, 사회가 안정적인 가운데 질서를 유지하며, 국가가 장기적으로 안정적인 가운데 태평할 수 있도록 만들어야 한다.

「평안 중국의 건설에 대한 지시」(2013년 5월), 『인민일보』(2013년 6월 1일)

사회체제의 개혁과 혁신을 통해 각 방면의 적극성을 충분히 동원하고 사회 발전의 활력이 최대한 강화되어 인민 군중의 개척정신이 충분히 발휘될 수 있도록 해야 한다. 이를 통해 사회의 창조적 에너지가 분출될 수 있도록 하고, 창업 활동 역시 생동감 있게 전개될 수 있도록 해야 한다.

「우한(武汉)에서 개최한 일부 성시(省市) 책임자 좌담회에서의 연설」(2013년 7월 23일),

『인민일보』(2013년 7월 25일)

사회 공평과 정의를 한층 더 실현하여 제도 안배를 통해 각 방면에서 인민 군중의 권익을 더 잘 보장해야 한다. 전체 인민의 공동 분투와 사회경제의 부단한 발전을 기초로, 제도 안배를 통해 법에 따라 인민 권익을 보장하고 전체 인민이 법에 따라 평등하게 권리를 누리고 의무를 다할 수 있도록 해야 한다.

「우한에서 개최한 일부 성시 책임자 좌담회에서의 연설」(2013년 7월 23일),

『인민일보』(2013년 7월 25일)

중국에는 2억 6천만 명의 재학생과 1천 5백만 명의 교사가 있어 교육 발전의 임무가 쉽지 않다. 중국은 과학교육을 통한 국가 홍성의 전략을 지속적으로 실시하여, 교육에 우선적인 발전의 전략적 지위를 부여하고, 부단히 투자를 확대, 전민교육과 종신교육을 실현하고자 애쓸 것이다. 학습형의 사회를 건설하여, 모든 아이들이 교육의 기회를 향유할 수 있도록 노력할 것이고, 13억 인민이 더 좋고 더 공평한 교육을 받을 수 있도록 노력할 것이다. 모두가 자기 발전과 사회 공헌, 인민 행복 조성의 능력을 가질 수 있도록 만들고자 한다.

「UN '교육 제일' 글로벌 제안 1주년 기념행사에서 발표한 영상 축사」(2013년 9월 25일),

『인민일보』(2013년 9월 27일)

주택 보장과 공급 체계 건설을 서둘러 진행하여, 정부가 제공하는 공공 서비스와 시장화 사이의 관계, 주택 발전의 경제적 기능과 사회적 기능 사이의 관계, 필요와 능력 사이의 관계, 그리고 주택 보장과 복지 함정 예방 사이의 관계를 잘 처리해야 한다. 시장화의 개혁 방향을 견지할 때에만 시장의 활력을 충분히 자극할 수 있으며, 다양한 층위의 주택 수요를 만족시킬 수 있다. 동시에 노동 기능의 부조화와 불충분한 취업 기회, 그리고 낮은 소득 수준 등으로 인해 주택난에 시달리는 일부 군중이 존재할 수 있다. 정부는 반드시 그 '자리를 메워야 하며(補好位)', 어려움에 처한 군중에게 기본적인 주택 보장의 서비스를 제공해야 한다.

「18기 중앙정치국 제10차 집체학습에서의 연설」(2013년 10월 29일),

『인민일보』(2013년 10월 31일)

우리나라의 주택 개혁과 발전 경험을 돌아보고, 다른 국가에서 주택 문제를 해결하기 위해 취했던 효과적인 방식을 참고하며, 주택 건설과 관련된 규율적인 부분을 깊이 있게 분석, 정층설계(頂層設計)를 강화하면서 통일적이고 규범적인, 그리고 성숙하고 안정적인 주택 공급 체계를 만들어야 한다. 가능한 모든 방식을 통해 주택 공급을 늘림과 동시에 인민 군중의 주택 수요를 조절하는 데에도 주의를 기울여야 한다. 경제적이고 적절한, 환경을 보호하고 자원 절약적인, 그리고 안전한 주택 표준 체계를 세워 우리나라 상황에 부합하는 주택 소비 방식을 선도해야 한다.

「18기 중앙정치국 제10차 집체학습에서의 연설」(2013년 10월 29일),

『인민일보』(2013년 10월 31일)

국가안보와 사회안정은 개혁과 발전의 전제이다. 국가안보와 사회안정이 있을 때 개혁과 발전이 비로소 끊임없이 추진될 수 있다. 현재 우리나라는 두 가지 압력에 직면해 있는데, 대외적으로 국가주권과 안보, 발전이익을 보호해야 하고, 대내적으로 정치적·사회적 안정을 지켜야 한다. 예상할 수 있는, 그리고 예상하기 어려운 여러 가지 위험 요소들이 분명하게 늘어가고 있다. 그런데 우리의 안보 업무 체제와 기제는 국가안보 수호의 필요에 부적합한 면이 있으며, 따라서 국가안보업무를 전체적으로 함께 처리할 수 있는 강력한 플랫폼을 필요로 하고 있다. 국가안전위원회를 설립한 것은 국가안전업무에 대한 집중적이고 통일적인 영도를 강화하기 위한 것으로 이미 급선무가 된지 오래이다.

「'중공중앙의 전면심화개혁 약간의 중대 문제에 관한 결정'에 대한 설명」(2013년 11월 9일),

『인민일보』(2013년 11월 16일)

전면적 개혁심화는 반드시 사회적 공평과 정의의 촉진, 그리고 인민 복지의 확대를 그 출발점이자 지향점으로 삼아야 한다. 이것은 우리 당이 전심전력으로 인민을 위해 봉사하겠다는 기본 취지를 견지하는 한 필연적으로 제시될 수밖에 없는 요구이다. 전면적 개혁심화는 더 공평하고 정의로운 사회적 환경을 조성하고, 이를 위반하는 여러 가지 현상을 부단히 극복하며, 개혁과 발전의 성과가 더욱 많이 그리고 더욱 공평하게 전체 인민에 미칠 수 있도록 노력해야 한다. 만약 인민에게 확실한 이익을 가져다 줄 수 없다면, 그리고 만약 더 공평한 사회적 환경을 만들지 못한 채 오히려 더 심각한 불공평을 야기한다면, 개혁은 의미를 잃게 될 것이고 지속되기도 힘들 것이다.

「실질적으로 사상을 당의 18기 3중전회 정신으로 통일시키자」(2013년 11월 12일),

『구시』 2014년 제1기

사회 공평과 정의는 여러 가지 요소에 의해 결정되지만, 주요한 것은 여전히 사회경제적 발전 수준이라고 할 수 있다. 발전 수준과 역사 시기의 차이에 따라, 그리고 어떠한 사상을 갖고 어떠한 계층에 속하는가에 따라 사회 공평과 정의에 대한 인식과 바람이 모두 달라질 수 있다. 우리가 제기하는 사회 공평과 정의의 촉진은 가장 광범위한 인민의 기본 이익에서 출발하여 사회 발전 수준과 사회 정세, 전체 인민의 각도에서 이 문제를 대하고 처리하는 것이다. 현재 우리나라에는 공평과 정의에 어긋나는 현상이 존재하지만, 이는 많은 경우 발전 중의 문제로서 끊임없는 발전을 통해서, 그리고 제도 안배와 법률 규범, 정책 지지를 통해서 해결할 수 있다. 우리는 경제 건설이라고 하는 이 중심을 확실하게 붙잡아 경제의 지속적이고 건강한 발전을 추진해야 한다. 나아가 '파이'의 크기를 키워 사회 공평과 정의를 보장하는 데 필요한 물질적 기초를 더욱 확실히 해야 한다. 이것은 결코 경제 발전 이후에 사회 공평과 정의의 문제를 해결하겠다는 뜻이 아니다. 한 시기에는 그 시기의 문제가 있고, 발전 수준이 높은 사회에는 그 높은 발전 수준에 따른 문제가 있게 마련이다. '파이'를 끊임없이 키워가는 것과 동시에 그 '파이'를 잘 나눌 필요가 있다. 우리 사회에는 예전부터 '적은 것보다는 균등하지 않은 것을 걱정'하는 관념이 있어왔다. 우리는 끊임없는 발전의 기초 위에서 최대한 사회 공평과 정의의 일을 처리해 가야 한다. 최선을 다할 뿐 아니라 할 수 있는 것을 해야 한다. 배우고 싶은 사람에게 가르치는 곳을 알려주고, 일하는 사람에게 소득을 제공해주며, 아픈 사람에게 치료를 받을 수 있게 해주고, 나이 든 사람에게 의지할 곳이 있게 해주며, 주택이 필요한 사람에게 거처를 제공해 주어, 전체 인민이 그러한 영역에서 계속 새로운 혜택을 누릴 수 있도록 해야 한다.

「실질적으로 사상을 당의 18기 3중전회 정신으로 통일시키자」(2013년 11월 12일),

『구시』 2014년 제1기

어떠한 발전 수준이든 상관없이 항상 제도가 사회 공평과 정의를 보장해 주어야 한다. 우리는 새로운 제도적 안배를 통해 인위적 요소에 의해 초래된 불공평하고 부당한 현상을 극복해야 하고, 인민의 평등한 참여와 평등한 권리의 발전을 보장하는 데 힘써야 한다. 사회 공평과 정의의 촉진, 그리고 인민의 복지 증대를 거울로 삼아 우리 사회 각 방면에 형성되어 있는 체제와 기제, 정책 규정 등을 잘 살펴볼 필요가 있다. 사회 공평과 정의에 어긋나는 문제가 있으면 반드시 개혁해야 하고, 문제가 나타난 영역과 단계를 중점적으로 개혁해야 한다. 제도적 안배가 부적절하여 초래된 불공평 및 부당함을 힘써 해결할 때, 우리의 제도적 안배가 사회주의 공평과 정의의 원칙을 잘 구현할 수 있을 것이고, 광범위한 인민의 근본 이익을 실현하고 보호하며 발전시킬 수 있을 것이다.

「실질적으로 사상을 당의 18기 3중전회 정신으로 통일시키자」(2013년 11월 12일),
『구시』 2014년 제1기

각급 당 위원회와 정부, 각급 지도 간부는 안전한 발전이라는 이념을 확고하게 수립할 필요가 있다. 처음부터 끝까지 인민 군중의 생명과 안전을 제일의 지위에 놓고서, 인간의 생명을 희생하여 발전을 이뤄서는 안 된다는 관념을 확고하게 수립해야 한다. 이 관념이 반드시 명확하고 강렬하게, 그리고 견고하게 수립되어야 한다. 각 지방과 각 부문, 각 기업은 모두 안전 생산 방면에서 높은 표준과 엄격한 조건을 견지해야 하고, 투자 유치에서도 안전 생산을 세밀하게 따져야 한다. 안전 생산 지표에 평가 가중치를 부여할 필요가 있으며, 안전 생산과 중요 안전사고에 대해서는 '일표부결(一票否決)'*을 실행할 필요가 있다.

「칭다오(青岛)·황다오(黄岛) 경제개발구 송유관 누수 및 폭발 사고 상황에 대한 청취 자리에서의 연설」(2013년 11월 24일)

당정이 함께 안전 생산의 책임을 져야 하고, 사업 단위가 자신의 업무 외에도 안전 생산에 대한 책임을 져야 하며, 모든 부문이 공동으로 안전 생산 관리에 힘써 안전 생산 책임 체계를 건설하는 데 주력해야 한다. 가장 엄격한 안전 생산 제도를 만들어가야 한다. 안전 생산 사고가 빈번히 발생하는 주요 원인 중 하나는 연도(软度)와 경도(硬度)가 불충분하기 때문이다. 안전 생산 업무는 정부가 힘써야 할 문제일 뿐 아니라 당 위원회도 주의해야 하는 문제이다. 당 위원회가 관할하는 중요 업무 중에 발전이 포함되는 것은 분명하지만 안전 생산 역시 중요한 업무이다. 안전 생산은 인민의 이익과 관련될 뿐 아니라 안정적인 개혁과 발전에도 관련된다. 당정 최고책임자는 반드시 직접 그 일에 나서야 하고, 직접 그 일에 주력해야 한다. 가장 엄격한 안전 생산 제도를 견지한다고 한다면, 무엇을 가장 엄격하다고 할 수 있을 것인가? 바로 책임을 명확히 하는 것이다. 안전 책임을 사업 단위와 개인 수준까지로 구체화하고, 산업과 업무 관리에서 안전 관리를 반드시 포함시키며, 감독 및 관리의 강화와 엄격한 상벌 평가를 통해 전면적으로 안전 생산 업무를 추진해야 한다.

「칭다오·황다오 경제개발구 송유관 누수 및 폭발 사고 상황에 대한 청취 자리에서의 연설」(2013년 11월 24일)

---

* 역주) 평가 항목 중 하나의 핵심 항목이 기준치에 미치지 못한다면, 다른 모든 항목이 기준치에 도달하더라도 평가에서 탈락시키는 것을 뜻한다.

민생을 확실하게 개선해야 한다. 최저선의 고수와 핵심 사안의 선정, 제도의 정비 및 여론 주도의 방식으로 교육과 취업, 수입 분배, 사회보장, 의료, 주택, 식품안전, 안전 생산 등의 각 방면을 전체적으로 고려할 필요가 있다. 경제발전의 수준과 재정 상황에 맞춰 인민의 생활 수준을 점진적으로 향상시켜야 한다. 정부는 주로 기초를 다지는 데 힘쓰고 지나치게 많은 것을 약속해서는 안 된다. 생활이 어려운 사람을 돕는 데 민생 업무의 초점을 두고, 대다수 군중의 경우에는 성실한 노동을 통해 부를 쌓고 생활을 개선해 갈 수 있도록 유도해야 한다. 정부가 모든 일을 다 할 수 있는 것처럼 해서는 안 된다. 또한 제도 건설에 힘을 쓸 때, 제도를 구입하는 데 돈을 써야지 안정을 구입하는 데 돈을 써서는 안 되며, 지역 간 제도 차이가 크고 파편화 되어 있는 문제를 해결하기 위해 노력해야 한다.

「중앙경제공작회의에서의 연설」(2013년 12월 10일)

식품안전 역시 '관리' 해야 한다. 생산 주체가 방대하고 각종 위험이 얽히고 설킨 상황에서 대인방어식의 감독과 관리는 비용이 많이 들 뿐 아니라 효과 역시 이상적이지 않다. 감독 및 관리 제도를 정비하고 그 수단을 강화하여, 논밭에서 식탁까지 이르는 전 과정이 감독과 관리의 대상이 될 수 있도록 제도를 만들어야 한다. 우리는 식품안전에 대한 감독 및 관리의 협조 기제를 만들었고 상응하는 관리 기구도 설립하였는데, 그 목적은 지나치게 세분화된 업무와 불분명한 책임 소재, 복잡하게 얽힌 업무 관계 등을 해결하기 위한 것이다. 직능을 확정하여 주관 부처를 나누는 것이 상대적으로 일하기에는 좋겠지만, 상하좌우를 효과적으로 이어가기 위해서는 더 많이 힘을 쓰고 더 많이 생각하는 것이 필요하다.

「중앙농촌공작회의에서의 연설」(2013년 12월 23일)

인터넷 안전과 정보화는 한 몸에 달린 두 날개이며 움직이는 물체의 두 바퀴와 같다. 반드시 통일적인 계획과 통일적인 업무 배치, 통일적인 추진, 그리고 통일적인 시행이 있어야 한다. 인터넷 안전과 정보화 업무를 잘 처리하기 위해서는 안전과 발전 사이의 관계를 잘 처리해야 한다. 다방면의 일을 진행하면서도 한 방향을 향하는 협조를 이뤄야 하고, 안전이 발전을 보장하고 발전이 안전을 촉진할 수 있도록 하여야 하며, 항구적인 안정의 형세를 만들고 지속적인 통치의 업적을 이룰 수 있도록 힘써야 한다.

「중앙 인터넷 안보와 정보화 영도소조 제1차 회의에서의 연설」(2014년 2월 27일),

『인민일보』(2014년 2월 28일)

입법 계획을 마련하여 인터넷 정보 관리와 핵심 정보 및 기초 설비 보호 등의 법률을 정비해야 한다. 이를 바탕으로 법에 따라 인터넷 공간이 관리되고 시민들의 권익이 보호될 수 있도록 힘써야 한다.

「중앙 인터넷 안보와 정보화 영도소조 제1차 회의에서의 연설」(2014년 2월 27일),

『인민일보』(2014년 2월 28일)

사회 통치를 강화하고 혁신하는 데 있어 관건은 체제 혁신이며 핵심은 사람이다. 사람과 사람이 함께 조화롭게 머물 수 있어야 사회의 안정과 질서가 비로소 가능해진다. 사회 통치의 중심은 도시와 농촌의 지역 사회에 있는데, 지역 사회의 서비스와 관리 능력이 강해져야 사회 통치의 기초가 견실해질 수 있다. 통치 체제 문제에 대한 조사와 연구를 깊이 있게 진행하고 네트워킹에 대한 관리를 깊이 있게 확대하여, 각종 자원과 서비스, 관리를 최대한 기층에 집중시켜야 한다. 기층이 역할과 권한, 자원을 가질 때 군중에게 정확하고 효과적인 서비스와 관리가 제공될 수 있다. 도시가 언제나 정상적인 모습을 유지할 수 있도록 관리를 강화하고, 군중들이 민감하게 반응하는 핵심 문제에 초점을 맞추며, 도시 관리에서 고질적으로 나타나는 문제를 해결하고자 애써야 한다. 인구 서비스 관리를 강화하고, 시장화와 법치의 수단을 더욱 적극적으로 운용하며, 질서정연한 인구 유동을 촉진함과 동시에 총인구의 통제와 인구 구조의 최적화에 힘써야 한다.

「12기 전국인대 2차회의 상하이(上海) 대표단 심의에서의 연설」(2014년 3월 5일),

『인민일보』(2014년 3월 6일)

중국의 꿈은 중화민족의 꿈이며 모든 중국인의 꿈이다. 우리의 방향은 모든 사람이 자기 발전과 사회 공헌의 기회를 갖는 것이며, 빛나는 삶의 기회와 꿈을 실현할 수 있는 기회를 공동으로 향유하는 것이다. 인민의 평등한 참여와 인민 권리의 평등한 발전을 보장하고, 사회의 공평과 정의를 보호하며, 발전의 성과가 더욱 많이 그리고 더욱 공평하게 전체 인민에게 돌아갈 수 있도록 하여 공동 부유를 향해 안정적으로 전진해 가는 것이다.

「중국-프랑스 수교 50주년 기념대회에서의 연설」(2014년 3월 27일),

『인민일보』(2014년 3월 29일)

시진핑,
개혁을
심화하라

09

생태문명의 요구를 담은
목표와 체계, 평가 방법,
그리고 상벌기제
(建立体现生态文明要求的
目标体系、考核办法、奖惩体制)

생태문명의 요구를 담은 목표와 체계, 평가 방법, 그리고 상벌기제
(建立体现生态文明要求的目标体系、考核办法、奖惩体制)

당의 18대는 5위 1체라고 하는 중국 특색 사회주의 사업의 전체적인 구도를 제시하면서 생태문명의 건설을 이전보다 중요한 지위에 올려놓았다. 아울러 과학발전의 실현과 경제 발전 방식의 전환을 함께 강조하였다. 만약 계속해서 무분별한 발전을 이어간다면, 설사 국내 총생산이 두 배로 늘어나 목표를 달성한다 하더라도 그 오염 수준은 심각해질 수 있으며, 일정 시간이 지나면 자원과 환경이 버텨내지 못할 수 있다. 또한 현재 상황에서 경제 발전 방식을 전환하지 않은 채 총생산이 두 배로 늘어나 생산 과잉이 나타난다면, 그 생태 환경에 악영향을 줄 수 있다. 경제는 좋아졌지만, 일반 사람들의 행복감은 줄어들 것이고, 심지어 불만 정서가 강하게 나타날 수 있다. 우리는 생태문명의 건설과 생태환경의 보호, 녹색 및 저탄소 생활 방식 등을 단지 경제 문제로만 여겨서는 안 된다. 여기에는 매우 중요한 정치 문제가 개재되어 있다.

「18기 중앙정치국 상무위원회 1분기 경제 정세에 관한 연설」(2013년 4월 25일)

생태문명의 건설을 추진하기 위해서는 반드시 당의 18대 정신을 전면적이고 철저하게 실현해야 한다. 덩샤오핑이론과 '삼개대표(三个代表)' 중요 사상, 과학발전관을 지도 사상으로 삼아야 하고, 자연 존중과 자연 순응, 자연 보호의 생태 문명 이념을 수립해야 한다. 자원 절약과 환경 보호의 기본 국책을 견지하고, 절약 우선과 보호 우선, 자연 회복을 위주로 하는 방식을 견지하며, 생태문명의 건설을 경제 건설과 정치건설, 문화건설, 사회건설의 각 방면 및 전 과정 속에 녹아내야 한다. 생태관념의 수립과 생태제도의 정비, 생태안전의 보호, 생태환경의 최적화에 힘을 써야 하고, 자원 절약과 환경 보호에 부합하는 공간 배치와 산업 구조, 생산 방식, 그리고 생활 방식을 형성하기 위해 노력해야 한다.

「18기 중앙정치국 제6차 집체학습에서의 연설」(2013년 5월 24일)

생태환경의 보호는 제도와 법치에 의거해야 한다. 가장 엄격한 제도와 가장 준엄한 법치가 있을 때에만 생태문명의 건설이 보장받을 수 있다. 이 방면에서 가장 중요한 것은 사회경제적 발전을 심사하고 평가하는 체계를 정비하는 것이다. 자원 소모, 환경 훼손, 생태 효능 등 생태문명 건설의 상황을 잘 구현할 수 있는 지표가 사회경제적 발전을 평가하는 체계 속에 포함되어야 하고, 생태문명의 요구에 잘 부합하는 목표와 체계, 평가 방법, 상벌 기제가 확립되어 생태문명의 건설에서 그 방향이자 제약 조건이 되어야 한다. 내가 보기에, 우리는 철저하게 관념을 바꿔서 국내 총생산 수치를 가지고 더 이상 영웅을 논하지 말아야 하고, 생태환경을 사회경제적 발전의 평가 체계 중 매우 중요한 부분으로 바라봐야 한다. 만약 생태환경지표에서 큰 차이가 나타난다면, 그 지방 혹은 그 부문의 표면적 성과가 아무리 좋더라도 높게 평가해서는 안 된다. 일표부결(一票否決)까지는 아니더라도, 그 한 표가 반드시 매우 큰 비중을 차지하여야 한다.

「18기 중앙정치국 제6차 집체학습에서의 연설」(2013년 5월 24일)

책임 추궁 제도를 세워야 하는데, 내가 여기서 말하는 것은 주로 지도 간부의 책임을 추궁하는 제도이다. 생태환경은 고려치 않은 채 맹목적으로 정책을 결정하여 심각한 상황을 초래한 사람은 반드시 그 책임을 추궁해야 하고 또한 끝까지 추궁해야 한다. 정말 이 문제를 해결하겠다고 생각한다면 이런 식으로 해야지, 그렇지 않으면 형식으로 흐를 수밖에 없다. 한 지방의 환경을 뒤죽박죽으로 만들어 놓고는 나 몰라라 가버리고, 그럼에도 관직은 여전히 유지된 채 어떠한 책임도 담당하지 않는 경우가 있어서는 안 된다. 조직 부문과 종합경제 부문, 통계 부문, 감찰 부문 등은 모두 이 일을 확실하게 처리할 필요가 있다.

「18기 중앙정치국 제6차 집체학습에서의 연설」(2013년 5월 24일)

제도의 차원에서 우리는 자원과 생태환경 관리제도를 세울 필요가 있다. 서둘러 국토개발 보호 제도를 세워야 하고, 물과 대기, 토양 등에 대한 오염 방지 제도를 강화해야 하며, 시장 수요와 자원의 희소성, 생태적 가치 및 세대 간 보상 수준을 바탕으로 자원의 유상사용제도와 생태보상제도를 만들어야 한다. 생태환경 보호에 대한 책임 추궁 제도와 환경훼손에 대한 배상 제도를 보완하여 제도가 갖는 제약 기능을 강화시켜야 한다.

「18기 중앙정치국 제6차 집체학습에서의 연설」(2013년 5월 24일)

해양 생태문명의 건설을 해양 개발의 전체적인 구도 속에 포함시켜야 한다. 개발과 보호가 함께 고려되어야 하고, 오염 방지와 생태 회복이 함께 추구되어야 한다. 과학적이고 합리적으로 해양 자원을 개발 및 이용하고, 해양의 자연적인 재생 능력을 보호해야 한다. 바다로 흘러가는 오염 총량을 통제하는 제도를 수립하여 육지의 오염 물질이 바다로 흘러가는 것을 막아야 하고, 해양 사업에서 환경영향 평가제도를 정비하여 핵심적인 부분을 놓치지 않겠다는 태도로 해양 환경을 심각하게 훼손하는 항목부터 우선적으로 처리해야 한다. 서둘러 해안선의 보호와 이용 계획을 수립해야 한다. 간척 사업을 엄격히 통제하여 해안 습지대를 보호해야 하고, 신청과 심사, 시공이 동시에 진행되는 사업 방식(三边工程)과 전체를 부분으로 나누어 눈속임을 시도하고 권한을 넘어 심사하는 방식 등을 엄격하게 처리해야 한다. 해양 생태에 대한 보상과 손해배상제도를 서둘러 건립해야 한다. 해양의 회복 사업을 전개하고, 해양의 자연 보호 지역을 건설하며, 해양에서 발생하는 돌발 사건에 대한 응급 및 대응 기제를 정비해야 한다.

「18기 중앙정치국 제8차 집체학습에서의 연설」(2013년 7월 30일)

높은 소비와 높은 오염, 높은 배출의 문제가 이처럼 심각하였기 때문에 허베이(河北) 지역의 생태환경이 악화일로로 치달으면서 별다른 전환을 만들지 못하였다. 전국 74개 중점 관측 도시 중, 오염이 심한 10개 도시 가운데 7곳이 모두 허베이에 있다. 높은 소비, 높은 오염, 높은 배출의 산업 생산량을 줄이지 못한다면 자원 환경이 이를 감당하기 어려우며, 따라서 허베이 지역만 지속적인 발전을 이루지 못하는 것이 아니라 주변 지역, 심지어는 전국의 생태환경이 버틸 수가 없게 된다. 최근 베이징 스모그가 심각해지면서 '하늘에 온통 분진'이라고 일컬어지고 있는데, 인민대중의 신체 건강에 심각한 영향을 줄 뿐 아니라 당과 정부의 이미지에도 심각한 영향을 주고 있다.

「허베이(河北) 상무위원회의 민주생활에 대한 회의에 참가하여 행한 연설」
(2013년 9월 23-25일)

만약 긴고아(緊箍儿) 주문*을 여러분에게서 제거한다면, 생산 총액은 7위나 8위로 내려앉겠지만, 녹색발전의 방면에서는 그 순위가 올라갈 것이고 대기 오염과 스모그 문제에서도 상당한 성과를 보이게 될 것이다. 축하 화환을 걸 수 있고 영웅이 될 수 있다. 반대로 만약 단순하게 생산 총액만을 추구한다면 생태환경 문제는 갈수록 심해질 것이고, 혹은 어떠한 진전도 이루지 못할 것이다. 비록 생산 총액에서 향상되는 부분이 있겠지만, 그것은 다른 평가를 받게 될 것이다.

「허베이 상무위원회의 민주생활에 대한 회의에 참가하여 행한 연설」(2013년 9월 23-25일)

양호한 생태환경은 가장 공평한 공공재이며, 가장 보편적으로 혜택을 누릴 수 있는 민생 복지이다. 경제발전과 생태환경 보호 사이의 관계를 정확하게 처리해야 한다. 생태환경을 보호하는 것이 생산력을 보호하는 것이며 생태환경을 개선하는 것이 생산력을 발전시키는 것이라는 관념을 확고하게 가질 필요가 있다. 더욱 적극적으로 녹색발전과 재활용발전, 저탄소발전을 추진해가야 한다. 절대로 환경을 희생시켜 일시적인 경제 성장을 성취해서는 안 된다.

「중공 18기 3중전회 제1차 전체회의에서의 연설」(2013년 11월 9일)

국가의 자연자원 자산관리 체제를 정비하는 것은 자연자원 재산권제도를 정비하기 위한 중요한 개혁이며, 또한 체계를 갖춘 생태문명 제도 시스템의 건설

---

* 역주) 서유기(西游记)에서 삼장법사가 손오공을 통제하기 위해 외웠던 주문으로, 이 주문을 외면 손오공의 머리에 박힌 테(곧 긴고아)가 조여져 극심한 고통이 유발된다. 여기서는 지방정부의 GDP 상승에 대한 부담을 비유하고 있다.

에서도 필요한 부분이다.

「'중공중앙의 전면심화개혁 약간의 중대 문제에 관한 결정' 에 대한 설명」(2013년 11월 9일),

『인민일보』(2013년 11월 16일)

우리나라의 생태환경 보호와 관련하여 제기되는 문제들은 어느 정도 불완전한 체제와 관련이 있다. 그 원인 중 하나는 전민 소유의 자연자원자산에서 소유권자가 자리를 찾지 못하고 있다는 것이며, 소유권자의 권익이 제대로 실현되지 못하고 있다는 것이다. 이 문제를 해결하기 위해서 전체회의는 국가 자연자원 자산관리 체제를 정비하기로 결정하였다. 전체적인 맥락은 소유자와 관리자를 분리하고, 한 부문이 하나의 일을 관리한다는 원칙에 따라 전민 소유의 자연자원 자산 소유권을 실현하며, 전민 소유의 자연자원 자산 소유권자의 직책을 통일적으로 행사하는 체제를 건립하는 것이다.

「'중공중앙의 전면심화개혁 약간의 중대 문제에 관한 결정' 에 대한 설명」(2013년 11월 9일),

『인민일보』(2013년 11월 16일)

국가가 전민 소유의 자연자원자산에 대해 소유권을 행사하고 아울러 관리하는 것은 국가가 국토 내 자연자원에 대해 감독 및 감시 권한을 행사하는 것과 서로 다른 문제이다. 전자는 소유권자의 의미에서 권리이며, 후자는 관리자의 의미에서 권력이다. 이를 위해서는 자연자원에 대한 감독 체제를 정비할 필요가 있다. 국토의 용도에 대한 관리 및 규제를 통일적으로 행사할 필요가 있고, 국유 자연자원 자산의 소유권자와 국가의 자연자원 관리자가 상호 독립, 상호 협조, 상호 감독할 필요가 있다.

「'중공중앙의 전면심화개혁 약간의 중대 문제에 관한 결정' 에 대한 설명」(2013년 11월 9일),

『인민일보』(2013년 11월 16일)

산과 물, 수풀, 밭, 호수 등은 하나의 생명 공동체이다. 사람의 생명은 밭에 있고, 밭의 생명은 물에 있으며, 물의 생명은 산에 있고, 산의 생명은 토양에 있고, 토양의 생명은 나무에 있다. 용도의 관리 및 규제와 생태의 복원은 반드시 자연 규율을 따라야한다. 만약 나무를 심을 때 단지 나무 심는 문제만 신경 쓰고, 수리 사업을 할 때 단지 수리 사업에만 신경 쓰며, 밭을 보호할 때 단순히 보호하기만 하면, 놓치는 부분이 있게 마련이고 결국에는 생태 시스템의 파괴를 불러오게 된다. 한 부문이 영토 내 모든 공간에 대해 그 용도 관리와 규제를 책임질 필요가 있으며, 이를 통해 산수 자연을 통일적으로 보호하고 통일적으로 복원할 필요가 있다.

「'중공중앙의 전면심화개혁 약간의 중대 문제에 관한 결정'에 대한 설명」(2013년 11월 9일),
『인민일보』(2013년 11월 16일)

한정된 공간 안에 건설 공간이 많아지면서 녹색 공간이 줄어들었고, 자연계의 자기 순환 및 자정 능력이 하락하면서 지역 생태 환경과 도시 거주 환경이 악화되었다. 이전의 좋은 경험을 참고하고 배워서, 해당 지역의 자연 조건에 따라 과학적으로 개발강도를 조절해야 한다. 가능한 모든 도시, 특히 거대도시를 중심으로 개발 한계선을 지정할 필요가 있으며, 도시를 대자연 속에서 자리하게 하여 푸르른 산수를 도시 주민에게 돌려주어야 한다.

「중앙도시화공작회의에서의 연설」(2013년 12월 12일)

도시계획건설에서 세부 항목은 모두 자연에 대한 영향을 고려해야 한다. 특히 자연 시스템을 파괴해서는 안 된다. 왜 이렇게 많은 도시에서 물이 부족하게 되었는가? 가장 중요한 이유는 시멘트 바닥이 너무 많아졌기 때문이다. 수원의 기초가 되는 수풀과 초원, 호수, 습지 등이 사라지면서 물의 자연적인 순환에 문제가 발생하였다. 비가 오더라도 그저 오수와 함께 배출 될 뿐이고, 지하수는 뽑아 쓰면 쓸수록 줄어들고 있다. 도시의 물 부족 문제를 해결하기 위해서는 반드시 자연에 순응해야 한다. 예를 들어, 도시의 배수 시스템을 개선할 때, 한정된 빗물을 남겨둘 수 있는 방안을 먼저 고려해야 하고, 자연적으로 배수할 수 있는 방식을 먼저 고려해야 한다. 자연적인 축적과 자연적인 침투, 자연적인 정화가 가능한 '해면(海绵) 도시'를 만들어야 한다. 많은 도시들이 생태도시라는 구호를 제기하고 있지만, 그 방향을 보면 도리어 수풀 속에다 도시를 짓고, 산을 깎아 대지를 만들며, 인공 경관을 조성하고, 하천과 바다를 메우고 있다. 이것은 생태문명을 건설하는 것이 아니라 자연생태를 파괴하는 것이다.

「중앙도시화공작회의에서의 연설」(2013년 12월 12일)

스모그 오염에 대처하고 공기의 질을 개선하기 위해서는 무엇보다 PM2.5를 통제해야 한다. 물론 국제 표준에 맞춰 PM2.5를 통제하는 것이 중국의 전체적인 상황에서는 아직 이르고 우리의 발전 수단을 넘어선 조치라고 할 수 있지만, 많은 간부들과 군중들이 이 문제에 주의하고 있고, 국제사회 역시 주의하고 있다는 사실을 명심해야 한다. 우리는 반드시 이 문제를 처리해야 한다. 인민이 바라는 것이 있다면 우리가 대답해야 한다! 스모그 문제는 선진국들도 모두 경험하였던 문제이다. 독일의 루르, 영국의 런던, 프랑스의 파리와 리옹 등이 모두 이 문제를 경험하였으며, 미국의 뉴욕과 LA 역시 마찬가지였다. 베이징은 지금 최선을 다해 대기오염 관리에 나서고 있다. 〈베이징시 2013-2017 맑은 공기 행동 계획〉이 제정되었고, 석탄 연료의 감소와 엄격한 자동차 관리, 산업 조정, 관리 강화, 공동 예방 및 통제, 의법 관리 등의 방면에서 모두 중요한 조치가 제기되었다. 현재 핵심은 힘을 다해 노력하여 실현하는 것이며, 끊임없이 그 성과를 얻어내는 것이다.

「베이징시(北京) 업무보고에서의 연설」(2014년 2월 26일)

종합 관리와 집중 관리를 함께 중시하고, 일상 관리와 응급 대처를 유기적으로 운용하며, 본지 관리와 지역 협력을 상호 촉진할 필요가 있다. 다양한 정책을 모두 시행하고, 여러 지역이 함께 움직여서, 전 사회가 공동으로 행동에 나서야 한다. 석탄 연료와 자동차 매연, 공업 단지, 비산먼지의 4대 중점 영역에 초점을 맞춰, 석탄 연료의 사용을 줄이고 자동차 연료의 사용을 통제하며 오염 물질의 배출을 억제하고 분진을 정화하는 조치를 집중적으로 실시해야 한다. 대기 환경의 접수 능력을 측정하고 경보를 내리는 기제를 만들어야 한다. 대기 환경의 접수 능력 마지노선을 규정하여, 그 마지노선에 접근할 경우 제때에 경고 및 경보를 알려야 한다. 엄격한 지표 평가 제도를 만들고, 환경 감독과 관리에 대한 법 집행을 강화하며, 책임 추궁 제도를 확실하게 진행해야 한다.

「베이징시 업무보고에서의 연설」(2014년 2월 26일)

10

중국특색
현대 군사력 체계의 구축
(构建中国特色现代军事力量体系)

중국특색 현대 군사력 체계의 구축
(构建中国特色现代军事力量体系)

　　개혁과 혁신은 우리 군이 발전할 수 있는 강력한 동력이다. 마오쩌둥 주석, 덩샤오핑 주석, 장쩌민 주석, 후진타오 주석의 영도 아래 이룬 기초 위에서 우리 군이 군대 건설을 끊임없이 해 나가려면 반드시 개혁과 혁신을 끊임없이 진행해야 한다. 군사 영역은 경쟁과 대립이 가장 격렬한 영역이며, 또한 새로운 활력과 혁신능력이 가장 필요한 영역이다. 우리는 세계 과학혁명과 산업혁명, 군사혁명이 계속 발전하고 있는 역사적 기회를 놓치지 말고 틀어쥐어야 한다. '싸울 수 있고, 승리할 수' 있는 목표를 향해 중국특색의 군사 변혁을 깊이 있게 추진하고, '부르면 오고, 오면 싸울 수 있고, 싸우면 반드시 승리' 하는 위풍당당한 우리 군을 만들어 군사 경쟁에서의 주도권을 차지하도록 노력해야 한다. 사상 해방과 실사구시, 시대와 함께 전진하고 진리와 무실(务实)을 추구하는 태도를 견지하여 군사적 사유 방식과 사상 관념을 새롭게 하고, 개혁과 혁신정신을 모든 업무 속에 관철시켜 중요 영역과 핵심 분야에서 개혁 조치를 서둘러 이루어야 한다. 이를 바탕으로 군대 내 과학적인 발전에 영향을 끼치는 주요 모순과 문제를 해결해야 한다. 실천을 중시하고, 장교와 사병의 창조 정신을 중시하며, 부대 건설의 구체적인 실천 속에 경험 총괄과 규율 게시를 이루고, 영도 수준을 향상시켜야 한다. 복잡다단하고 돌발 사건이 많으며 중대 임무가 빈번한 상황 속에서 군사위원회 자신의 업무 방식도 혁신해야 할 문제를 안고 있다. 의사결정과 업무 메커니즘을 지속적으로 보완해 갈 필요가 있으며, 군사위원회의 업무가 민첩하고 효과적으로 이뤄질 수 있도록 주의할 필요가 있다.

「중앙군사위원회회의에서의 연설」(2012년 11월 15일)

중화민족의 위대한 부흥은 근대 이후 중화민족이 꿈꿔온 위대한 꿈이다. 내가 말하고 싶은 것은 이 위대한 꿈이 강국의 꿈이며, 군대로 표현하자면 강군의 꿈이라는 것이다. 따라서 우리가 중화민족의 위대한 부흥을 실현하기 위해서는 끊임없는 노력을 통해 부국과 강군을 반드시 이루어야 하고, 튼튼한 국방과 강력한 군대를 건설해야 한다. 여기서 나는 여러 동지들에게 세 가지 요구 사항을 제기하려고 한다. 첫째, 당의 지휘를 따르는 것이 강군의 혼임을 명심해야 한다. 조금의 흔들림도 없이 군대에 대한 당의 절대적인 영도를 견지하여, 당의 절대적인 지휘를 따라야 하고, 영원히 당의 말을 경청하고 당과 함께 길을 가야할 것이다. 둘째, 싸울 수 있고 승리하는 것이 강군의 요체임을 명심해야 한다. 반드시 전쟁이라는 기준으로 건설과 준비에 힘써, 부르면 즉각 오고 오면 싸울 수 있고 싸우면 반드시 승리한다는 것을 확고히 해야 한다. 셋째, 법에 따른 군사 관리, 엄격한 군사 관리가 강군의 기초임을 명심해야 한다. 반드시 엄격하고 공정한 기풍과 강철같은 기율을 유지하여, 부대의 높은 집중도와 통일성, 그리고 안정을 확보해야 한다.

「광저우(广州)주둔 부대의 지도 간부와 단체 촬영 후 행한 즉석 연설」(2012년 12월 10일)

조금의 부족함도 없이 법에 따른 군대 관리(依法治军)와 엄격한 군대 관리의 방침을 실현해야 한다. 군대 관리의 핵심은 엄격함에 있으며, 그 어려움도 엄격함에 있다. 최근 군사위원회가 엄격한 군대 관리에 높은 관심을 보이면서 일련의 관련 조치를 시행하였다. 그러나 군대 관리의 '느슨함' 과 '부드러움' 의 문제가 몇몇 부대와 단위에 서로 다른 수준으로 존재하고 있으며, 어떤 지역에서는 상당히 심각한 수준이다. 부대가 일단 '느슨해지고(松)' '부드러워지면(軟)' 쉽게 흩어져 그 폐해는 이루 다 헤아릴 수 없다. 우리는 새로운 정세 속에서 군대 관리와 군대 인솔이 어떠한 특징과 규율을 갖는지 깊이 있게 연구하여야 하고, 법에 따른 군대 관리와 엄격한 군대 관리의 방침을 부대 건설의 전 과정과 각 방면 속에서 확실하게 실천하여야 하며, 부대의 규정된 전쟁 준비와 군사 훈련, 업무 및 생활 질서 등을 계속해서 유지해야 한다. 법규와 제도의 집행 능력을 강화하는 데 힘쓰고, 명령과 규칙, 법규와 제도가 집행될 수 있도록 하며, 법이 있음에도 따르지 않고 법을 집행함에도 엄격함이 없으며, 끊임없이 법을 어기는 현상이 나타나는 것을 단호히 막아야 한다. 기율건설을 핵심 내용으로 삼아야 하고, 장교와 사병 간의 명령 의식을 강화해야 하며, 부대 내 기율엄수와 엄격한 법 집행, 보조를 같이하는 좋은 작풍을 길러가야 한다.

「광저우 군구 업무보고 이후의 연설」(2012년 12월 10일)

인민 군대는 당의 지휘를 경청하고 싸움에서 이기며 좋은 작풍을 가질 수 있도록 노력해야 한다. 이것은 우리 당이 군대를 만들고 관리하는 과정에서 성공적이었다고 평가할 수 있는 경험, 국제 사회의 전략적 추세, 국가 안보 환경의 변화, 그리고 군대 건설 과정에서 나타난 주요 모순과 문제의 해결을 종합적으로 고려한 것으로, 새로운 정세 속에서 당이 내걸고 있는 강군의 목표이다. 이 목표는 군대 건설을 강화하는 과정에서 그 초점과 역점이 어디에 있는지를 명확하게 해준다. 당의 지휘를 경청한다는 것은 바로 영혼(灵魂)에 해당하며 군대 건설의 정치적 방향을 결정해 준다. 싸움에서 이길 수 있다는 것은 핵심(核心)에 해당하며 군대의 기본적인 역할과 군대건설의 근본 지향점이 어디에 있는지를 보여준다. 좋은 작풍(作风)을 가진다는 것은 증표로서 군대의 성격과 종지(宗旨), 본색이 여기에 관련된다. 이 세 가지는 서로 관련되어 있어 분리하기 어렵고 또한 우리 군의 한결같은 건군 및 치군 지도사상과 일치하며, 나아가 혁명화와 현대화, 정규화가 서로 통일을 이루는 전면적인 사상건설과도 일치한다. 전군은 이러한 강군의 목표를 확실히 파악하여 군대 건설과 개혁, 군사 투쟁 준비를 통솔하고, 국방과 군대 건설을 새로운 수준까지 힘써 높여야 한다.

「12기 전국인대 1차회의 해방군대표단 전체회의에서의 연설」(2013년 3월 11일)

간부정책제도에 대한 조정과 개혁은 군대 개혁을 심화하는 중요한 내용이다. 충분히 논증하여 이론 연구와 정층설계를 강화할 필요가 있으며, 개혁의 체계성을 높이고, 개혁의 노선도를 명확히 할 필요가 있다. 찔끔찔끔 일을 조금씩 나누어 처리하지 않도록 하고, '빈대떡(鳞烧餅)' 뒤집듯이 이리저리 뒤집다가 일관성을 잃어서도 안 된다. 중국특색의 군관 직업화 제도를 건립하는 데 초점을 맞춰야 한다. 군관 복무 및 분류 관리, 자격제도 등 관건적인 문제를 장악하고 다양한 인재가 성장할 수 있는 길을 과학적으로 마련해야 하며, 중요 영역과 핵심 부문에서 돌파구를 열 수 있도록 노력해야 한다. 법규와 제도의 건설을 강화하여 간부 관련 업무와 간부 대오 건설이 한층 더 규범화되고 법제화될 수 있도록 해야 한다.

「중앙군사위원회 상무위원회 회의에서의 연설」(2013년 6월 28일)

개척과 혁신의 관건은 사상해방이다. 사상해방이 없으면 앞으로 나아가는 발걸음을 내딛을 수 없다. 몸은 21세기를 살고 있는데 사상은 20세기에 머물러 있어서는 안 된다. 사상과 관념의 장애를 깨기 위해 용기를 가져야 하고, 고착화된 이익의 울타리를 넘어서기 위해 용기를 가져야 한다. 새로운 이념과 새로운 시야, 새로운 방법과 새로운 표준으로 군사 투쟁의 준비를 이어가야 하고, 다양한 방면의 건설을 추진해야 한다.

「중앙군사위원회 민주생활 회의에서의 연설」(2013년 7월 8일)

중앙위원회의 '결정문'은 국방과 군대 개혁을 독립된 부분으로 따로 서술하였는데, 이는 중앙위원회 역사상 처음있는 일로, 국방과 군대 개혁에 대한 당 중앙의 높은 관심을 반영하고 있다. 우리는 국방과 군대 개혁의 중요성과 시급성을 충분히 인식하고 개혁의 목표와 임무를 정확하게 파악하며, 진취적인 태도와 기회라는 인식, 책임감 있는 자세를 확고히 수립하여 과감하게 사상관념의 속박을 극복하고 고착화된 이익의 울타리를 넘어서야 한다. 국방과 군대의 건설 및 발전을 저해하는 주요 모순과 문제를 힘써 해결해야 하고, 이를 바탕으로 강군 목표의 실현에 필요한 동력과 기제의 확보에 나서야 한다.

「지난(济南) 군구 업무보고 후 행한 연설」(2013년 11월 28일)

군구의 부대개혁은 육군의 체제 전환이라는 배경을 고려해야 한다. 정보화 시대가 도래 하면서, 전쟁에서 육군이 가지는 지위와 역할, 건설 모델 및 운용 방식 등에 심각한 변화가 일어났다. 우리는 '육상전의 시대가 갔다'거나 혹은 '육군은 필요 없다'는 식의 생각을 가져서는 안 되지만, '대육군(大陸軍)'의 사유 방식도 버릴 필요가 있다. 새로운 역사적 조건 속에서 육군의 사명과 임무를 명확히 할 필요가 있고, 연합작전 체계 속에서 육군의 자리를 정확히 찾아낼 필요가 있으며, 기계화에서 정보화로 옮겨가는 육군의 체제 전환을 서둘러 진행할 필요가 있다. 군사위원회는 육군의 지도 관리 체제를 어떻게 개혁할 것인가에 대한 연구에 힘써야 하고, 육군의 체제 전환에 대한 전체적인 계획과 지도를 세워야 한다.

「지난 군구 업무보고 후 행한 연설」(2013년 11월 28일)

육군의 체제 전환은 정보화의 날개를 필요로 한다. 정보 시스템의 건설을 중요한 사안으로 파악하여 통일된 체계를 구축하고, 삼군에 모두 적용 가능하고 실용적이고 편리한 정보 시스템을 만들어야 한다.

「지난 군구 업무보고 후 행한 연설」(2013년 11월 28일)

군구의 부대는 다양한 능력과 광범위한 작전에 대한 적응 능력을 갖추어야 한다. 이 때문에 우리는 합리적으로 부대유형을 구별해야하고, 부대의 편제를 과학적으로 규정해서 그 편제가 충실과 혼합, 다양한 능력, 그리고 민첩함을 추구할 수 있도록 만들어야 한다. 군(軍)·여(旅)·영(營)의 체제에서는 기본적인 작전 단위로서 영의 지위가 부각되는데, 영의 작전 요소를 모두 갖출 필요가 있으며, 모듈에 입각한 편제를 실행하고, 혼합의 수준을 제고하는 것이 중요하다.

「지난 군구 업무보고 후 행한 연설」(2013년 11월 28일)

현재 세계 주요 국가는 모두 군대 개혁을 서둘러 진행하고 있으며, 그에 따라 군사적 우위를 차지하려는 국제적 경쟁이 격렬해지고 있다. 이러한 세계적인 신(新) 군사혁명의 흐름 속에서 보수적인 사상과 현상유지적인 태도는 소중한 기회를 놓치게 될 것이고, 피동적인 위치에 머물게 할 것이다. 우리는 강의 한 복판에서 물을 헤쳐 나아가야 한다. 군사적으로 일단 뒤처지게 되면 국가 안보에 치명적인 상황이 초래될 수 있다. 우리는 근대 중국의 역사 속에서 뒤처지는 바람에 겪었던 비참한 상황이 얼마나 폐부에 사무치는 일이었는지를 잘 알고 있다.

「어느 중요 회의에서의 연설」(2013년 12월 27일)

"법은 시대와 함께 변화하고, 예는 풍속과 함께 변화한다(法与时变, 礼与俗化)." 최근 우리는 중국 특색의 군사 변혁을 적극적으로 추진하여, 체제와 편제, 정책, 제도 방면에서 일련의 조정과 개혁적 조치를 취하였다. 그러나 지도관리체제는 여전히 과학적이지 않고 연합작전의 지휘체제도 불충분하며, 역량구조도 불합리하고 정책 및 제도개혁은 상대적으로 뒤처지는 등 심층에서의 모순과 문제가 아직 효과적으로 해결되지 않고 있다. 이러한 문제 때문에 군대 건설과 군대의 전쟁 준비가 방해를 받고 있다. 모두가 이 부분을 느끼고 있을 것이며, 개혁하지 않으면 싸우기도 어려울 뿐 아니라 싸워서 승리하기도 어렵겠다고 생각하고 있을 것이다.

「어느 중요 회의에서의 연설」(2013년 12월 27일)

국방과 군대의 개혁은 가장 견고한 방어물을 공략해야 하는 시기, 그리고 두 발로 갈수 없는 심수구(深水区)까지 진입하였다. 해결이 필요한 대부분의 사안은 장기적으로 축적된 체제적 장애물이자 구조적 모순이며 정책적인 문제이기 때문에 추진해가기가 확실히 쉽지 않다. 어려움이 크면 클수록 의지를 확고히 하여 용감하게 앞으로 나아가야지, 앞뒤를 살피면서 주저해서는 결코 안 된다. 어렵고 쉬운 것은 상대적이다. "세상 일에 어렵고 쉬운 것이 있겠는가? 그것을 하면 어려운 것도 쉬워지고, 하지 않으면 쉬운 것도 어려워지고 만다(天下事有难 易乎, 为之, 则难者亦矣, 不为, 则易者亦难矣)." 전 군이 뜻을 함께 하여 과감히 임무를 수행하고 과감히 위험한 물살을 헤친다면, 건너갈 수 없는 화염산(火焰山)이란 존재하지 않는다.

「어느 중요 회의에서의 연설」(2013년 12월 27일)

전 당과 전국이 국방과 군대 개혁에 많은 관심을 가지고 있으며 많은 지지를 보내고 있다. 또한 개혁에 대한 전 군의 기대치가 매우 높고 목소리도 크다. 이러한 상황은 개혁을 추진하기에 유리한 조건이 된다. 다년간의 실천과 탐색을 거치면서, 우리는 개혁의 규율적인 성격에 대해 깊이 인식하게 되었고, 모두가 중요한 개혁 문제에서 공통된 인식을 갖게 되었다. 국방과 군대의 개혁은 현재 유례없는 기회의 시기에 봉착해 있으며, 따라서 이를 반드시 붙들어야 한다. 이는 우리가 회피할 수 없는 중요 시험이며, 군대는 반드시 당과 인민, 그리고 역사 앞에서 합격 답안을 제출하여야 한다.

「어느 중요 회의에서의 연설」(2013년 12월 27일)

국방과 군대 개혁의 심화가 갖는 목표와 지도원칙을 정확하게 파악해야 한다. 이번 국방과 군대 개혁의 심화는 국방과 군대 건설을 제약하는 주요 모순과 문제를 해결하여 중국특색의 현대화된 군사 역량과 체계를 만들려는 것이다. 우리는 서둘러 중요 영역과 핵심 부문에서 개혁의 발걸음을 내딛어야 한다. 한층 더 전투력을 해방 및 발전시켜야 하고, 한층 더 군대의 활력을 해방 및 증대시켜야 하며, 강군의 목표를 실현하는 데 필요한 체제 기제와 정책 제도를 만들어야 한다. 전투력을 기준으로 개혁의 효과를 평가 및 측정하는 방식을 견지하고, 각종 개혁이 군사전략 방침의 방향 및 요구와 일치하도록 해야 하며, 개혁에 대한 전체적인 계획과 실시가 과학적으로 이뤄질 수 있도록 해야 한다.

「어느 중요 회의에서의 연설」(2013년 12월 27일)

국방과 군대의 개혁은 시스템에 대한 작업으로 반드시 전체적인 계획에 유의할 필요가 있다. 사소한 것 하나가 전체에 영향을 끼치는 개혁의 과정에서는 핵심적인 돌파구를 만들어 전체적으로 추진해가는 것이 필요하다. 동시에 핵심적인 일을 총괄하면서도 다른 일들을 조화롭게 추진하는 것이 필요하고, 각종 개혁 업무 사이의 연관성과 연결성을 파악할 필요가 있다. 어느 한쪽에 치우치거나 다른 사안을 소홀히 하는 상황을 피해야 하고, 제멋대로 움직이면서 서로를 방해하는 상황도 피해야 한다. 발전과 안정 사이의 관계를 정확히 처리하여 자신감은 충분히 가지되 걸음걸이는 안정적이어야 한다. 개혁의 흐름을 주도하지만 그 위험 요소는 통제할 수 있어야 하고, 힘 있고 질서 있게 개혁을 추진하지만 부대 내 높은 안정과 통일은 확보해야 한다. 부대가 적시에 각각의 임무를 완성할 수 있도록 만들어야 한다.

「어느 중요 회의에서의 연설」(2013년 12월 27일)

국방과 군대 개혁의 심화는 반드시 정확한 정치 방향을 견지하여야 한다. 군대에 대한 당의 절대적인 영도는 우리나라 군사제도와 중국특색 사회주의 정치제도의 중요한 구성 부분이며, 전심전력으로 인민을 위해 봉사하는 것은 우리 군의 기본적인 원칙(宗旨)이다. 어떠한 개혁을 진행하든 이러한 부분은 결코 변할 수 없다.

「어느 중요 회의에서의 연설」(2013년 12월 27일)

영도지휘체제를 중점으로 삼아야 한다. 연합작전 중의 지휘체제는 중요하고도 중요하다. 현대 전쟁은 높은 효율의 지휘체제를 필요로 한다. 우리는 연합작전의 지휘체제 면에서 적지 않은 탐색을 해왔지만 문제가 근본적으로 해결된 것은 아니다. 연합작전의 지휘체제가 제대로 이뤄지지 않으면 연합훈련이나 연합보장체제의 개혁도 제대로 이뤄질 수가 없다. 군사위원회의 연합작전 지휘기구와 작전지역의 연합작전 지휘체제를 정비하고 마련하는 것은 시급한 사안으로 더이상 차일피일 미뤄서는 안 된다.

「어느 중요 회의에서의 연설」(2013년 12월 27일)

구조를 최적화하고 기능을 완전화해야 한다. 구조가 기능을 결정하고, 기능이 다시 구조에 반작용을 일으키는데, 이것이 변증법적 통일이다. 구조는 부대의 전체적인 작전 효능에 유리해야 하고, 기능도 구조조정을 추동해야 한다. 우리 군의 전체적인 규모는 여전히 큰 편이어서 군대 내 병종의 비율과 장교·사병의 비율, 부대와 기관의 비율, 부대와 학교의 비율이 합리적이지 못하다. 또한 비전투 기구와 인원이 많은 편이고 작전부대는 충실하지 못하며, 노후 장비가 많은 반면 새로운 작전 역량이 부족한 문제 등은 여전히 중요하게 남아 있다. 규모와 구조의 최적화에 힘을 기울여 군대를 최정예로, 그리고 과학적으로 편제하여야 한다. 새로운 작전 역량을 강화하는 데 중점을 두어 기한을 정해 노후 장비의 수를 줄이고 이를 바탕으로 새로운 작전 역량을 환골탈태(腾龙换鸟)시켜야 한다.

「어느 중요 회의에서의 연설」(2013년 12월 27일)

군대 정책과 제도의 개혁을 심화시켜야 한다. 군 관련 인력자원의 정책과 제도는 군대 정책과 제도 개혁에서 가장 중요한 부분으로 수많은 장교와 사병의 이익이 밀접하게 관련되어 있다. 이 영역에서 우리는 많은 조치를 취해왔다. 그러나 다양한 원인으로 인해 간부 평가와 선발, 임용, 배양 제도가 아직 불충분하고, 징병, 퇴역 군인의 배치, 상해 군인의 인도 처리 등 여러 가지 어려움이 여전히 남아 있다. 군대 내 기능과 임무, 그리고 국가 정책제도의 혁신 요구에 맞춰서, 정책제도 개혁의 힘을 강화해야 하고 삼위일체의 새로운 군사인재 양성 체계를 만들어야 하며, 군사인력자원을 최대한 활용하고, 더 많은 우수 인재를 유치해야 한다.

「어느 중요 회의에서의 연설」(2013년 12월 27일)

군대 정책과 제도의 개혁에는 한 가지 더 중요한 측면이 있는데, 그것은 돈과 물자를 잘 관리하고 잘 사용하여 군사 경제 효율을 제고하는 것이다. 중점은 예산 관리와 심사 제도의 개혁에 있으며, 수요가 규획(规划)을 이끌고 규획이 자원 배치를 주도하는 방침을 견지해야 한다. 군비의 사용처와 사용량을 더욱더 과학적으로 진행할 필요가 있고, 국가가 투입한 돈이 절대로 물거품이 되도록 내버려 두어서는 안 된다.

「어느 중요 회의에서의 연설」(2013년 12월 27일)

군과 민이 함께 융합하여 발전할 수 있도록 해야 한다. 이번 3중전회는 이 방면에 대한 내용을 배려하고 있는데, 국방과학기술산업과 무기장비, 인재 양성, 군대 복지의 사회화와 국방 동원 등의 영역이 여기에 속한다. 국가 차원에서 전체적인 규획과 협조를 강화해야 하고, 군사적 수요가 주도적인 역할을 할 수 있도록 해야 하며, 국가경제와 사회발전 체계가 국방과 군대의 건설을 더 잘 담아야 한다.

「어느 중요 회의에서의 연설」(2013년 12월 27일)

강군의 목표를 실현하기 위해서는 우리 세대 혁명 군인의 역사적 책임을 과감하게 짊어져야 한다. 새로운 정세와 임무 속에서 촌각을 다투는 마음으로 국방과 군대의 현대화를 추진해야 한다. 우리는 평화를 바라지만, 어느 때 어느 상황이든 국가의 정당한 권익을 포기해서는 안 되며, 국가의 핵심 이익을 희생시켜서도 안 된다. 지금 강군의 책임은 역사적으로 우리의 어깨 위에 부여 되었고, 이 책임을 져야하고 용감하게 담당해야 한다. 이것이 당과 인민의 바람이며, 또한 이 시대 혁명 군인이 가져야 할 정치적 품격이다. 각급 당 위원회와 지도 간부들은 부대를 이끌고 강군의 목표를 실현하는 것을 중요한 정치적 책임으로 받아들여야 한다. 한 마음 한 뜻으로 강군을 생각하고 강군을 도모하며, 강군의 목표를 관철하고 실현할 수 있는 능력을 강화해야 한다. 수많은 장교와 사병은 자각적으로 사회주의 핵심가치관과 당대 혁명 군인의 핵심가치관을 실천해야 하며, 견고한 신념과 충성스런 사명감으로 강군과 홍군(兴军)의 여정에서 빛나는 병영 인생을 써가야 한다.

「12기 전국인대 2차회의 해방군 대표단 전체회의에서의 연설」(2014년 3월 11일),

『인민일보』(2014년 3월 12일)

강군의 목표를 실현하기 위해서는 전략적인 계기를 장악해 국방과 군대 개혁을 심화하는 것이 필요하다. 국방과 군대 건설을 제약하는 제도적 장애물과 구조적 모순, 정책적 문제를 해결해야 하고, 군대 조직의 현대화를 깊이 있게 추진해야 한다. 개혁의 정확한 정치적 방향을 견지해야 하고, 싸울 수 있고 이길 수 있는 능력을 갖추어야 하며, 군사전략의 혁신을 지향점으로 삼아야 한다. 사상해방과 관념의 전환을 한층 더 이루고, 전투력의 해방과 발전을 한층 더 이루며, 군대 활력의 해방과 강화를 한층 더 이루어, 강군의 목표를 실현하는 데 필요한 체제 메커니즘과 정책 제도를 지원해야 한다. 기존의 고정 관념을 타파하고, 강군의 목표와 어울리는 사유방식과 사상관념을 수립해야 한다. 문제 지향적인 태도를 견지하고, 전투력이라는 표준을 견지하며, 현대 전쟁의 특징과 규율, 그리고 승리의 규칙을 깊이 있게 연구해야 한다. 전투력 강화에 걸림돌이 되는 난점과 문제에 초점을 맞추어 핵심적인 돌파구를 만들고 이를 바탕으로 전체적으로 추진해가는 방식을 취해야 한다. 이를 통해 모든 전투력의 요소가 활력을 얻어야 하고, 군대 현대화 건설의 원천이 끊임없이 솟아나야 한다. 뚜렷한 목표의식을 갖고서 사상과 교육 업무를 하고, 개혁에 유리한 분위기를 조성하며, 개혁의 긍정적인 에너지를 모으고, 부대 내 높은 수준의 안정성과 통일성을 확보하며, 개혁의 순조로운 추진과 개별 임무의 원만한 달성을 확보해야 한다.

「12기 전국인대 2차회의 해방군 대표단 전체회의에서의 연설」(2014년 3월 11일),

『인민일보』(2014년 3월 12일)

강군의 목표를 실현하기 위해서는 한 마음으로 협력하여 군과 민이 함께 융합하여 발전을 이루는 거대한 서사(大文章)를 만들어야 한다. 국가가 주도적인 역할을 하지만 시장도 역할을 담당해야 하고, 군과 민이 함께 융합하여 모든 요소와 많은 영역, 높은 효율을 지닌 발전을 이루는 전체적인 구도를 만들어야 한다. 군대는 국방 경제의 규율과 정보화에 따른 전투력 건설의 법칙을 준수할 필요가 있으며, 자각적으로 국방과 군대 건설을 경제와 사회 발전의 체계 속에서 이해할 필요가 있다. 지방은 경제 건설 중 국방의 필요를 채우는 데 초점을 맞출 필요가 있으며, 자각적으로 경제적 배치의 조정과 국방적 배치의 정비를 유기적으로 결합시켜야 한다. 새로운 정세 속에서 '두 가지 옹호(双拥)' * 업무를 충실히 행하고, 국방 교육을 강화하며, 국방 동원의 체제와 기제를 보완해야 한다. 각급 당 위원회와 정부는 군대 건설과 개혁을 지지해야 하며, 군대와 협력하여 군사 업무의 다각화를 마무리 짓고, 강군의 목표를 실현하기 위한 의미 있는 지지를 보태야 한다.

「12기 전국인대 2차회의 해방군 대표단 전체회의에서의 연설」(2014년 3월 11일),

『인민일보』(2014년 3월 12일)

---

* '拥军忧属'과 '拥政爱民'이 두 가지를 가리키는데, 전자는 지방정부의 입장에서 인민의 군인을 아끼고 그 가족을 우대해야 한다는 뜻이고, 후자는 군대의 입장에서 정부를 지지하고 인민을 사랑해야 한다는 의미이다.

국방과 군대의 개혁을 심화하려면 사상과 행동을 당 중앙과 중앙군사위원회의 정책과 안배에 맞춰야 하고, 강군의 목표로 개혁을 바라보고 강군의 목표로 개혁을 이끌며 강군의 목표로 개혁을 추진하는 것이 필요하다.

「중앙군사위원회 국방과 군대 개혁심화 영도소조 제1차 전체회의에서의 연설」

(2014년 3월 15일), 『인민일보』(2014년 3월 16일)

국방과 군대 개혁은 전면적 개혁에서 중요한 부분을 차지하며 전면적 개혁 심화의 중요한 표지이다. 군사위원회는 당 18기 3중전회 정신의 실현과 관철을 매우 중시하고 있으며 확고하게 장악하고 있다. 또한 각급과 각 부문이 신속히 행동하여 전군에 위아래 할 것 없이 개혁을 옹호하고 지지하는 분위기가 깊게 형성되어 있다. 정세에 따라 계획을 세우고 정세에 맞춰 행동하며 철저하게 실현될 수 있도록 하고, 국방과 군대의 개혁 심화 업무가 첫걸음을 잘 디뎌 좋은 국면을 만들 수 있도록 해야 한다. 교육과 지도 업무를 지속적으로 강화하여, 전군이 전체적인 구도 속에서, 그리고 전략적인 차원에서 국방과 군대 개혁이 갖는 중요한 의미와 풍부한 함의를 인식할 수 있도록 만들고, 사상과 행동을 중앙과 군사위원회의 정책과 안배에 맞추도록 하여 국방과 군대 개혁을 심화하는 강력한 동력을 만들어야 한다.

「중앙군사위원회 국방과 군대 개혁심화 영도소조 제1차 전체회의에서의 연설」

(2014년 3월 15일), 『인민일보』(2014년 3월 16일)

강군의 목표를 실현하는 것에 주안점을 두고, 국방과 군대 개혁심화의 지도 원칙을 정확하게 파악해야 한다. 개혁의 정확한 방향을 견지한다는 이 근본을 확실하게 인식해야 한다. 국방과 군대 개혁의 심화는 중국특색 사회주의 군사

제도의 자기 개조이자 발전이며, 그 목적은 중국특색 사회주의 군사제도의 장점을 더 잘 발휘하는 것이다. 개혁은 군대에 대한 당의 절대적인 영도를 더욱 잘 견지해야 하고 인민 군대의 성격과 취지를 더욱 잘 견지해야 하며, 우리 군의 빛나는 전통과 우수한 작풍을 더욱 잘 견지해야 한다. 싸울 수 있고 이길 수 있다는 이 초점을 확실하게 인식해야 한다. 전쟁을 대비한 군사적 준비를 최우선으로 삼고, 문제 지향적 태도를 견지하며, 전쟁을 대비한 군사적 준비라는 차원에서 발견되는 어려움과 문제에 개혁의 초점을 맞추고, 전투력 건설에서 드러나는 취약한 부분에 개혁의 초점을 맞춰야 한다. 군대 조직의 현대화라는 이 방향을 확실하게 인식해야 한다. 군대 조직에서 현대화를 이루지 못하면 국방과 군대의 현대화는 아무런 의미도 없다. 영도지휘체제와 역량 구조, 정책제도 등에서 깊이 있는 개혁을 추구하여 튼실한 국방과 강력한 군대의 건설에서 제도적인 뒷받침이 되어야 한다. 적극성과 안정이라는 이 전체적 요구를 확실하게 인식해야 한다. 개혁해야 하는 것은 확실하고 대담하게, 그리고 단호하게 개혁해야 한다. 동시에 중요한 개혁적 조치의 경우에는 사소한 것 하나가 전체에 영향을 미칠 수 있기 때문에 신중할 필요가 있다. 개혁 조치가 등장하기 전에 반복해서 따져보고 과학적으로 평가해서 반드시 긍정적인 효과가 있도록 해야 한다.

「중앙군사위원회 국방과 군대 개혁심화 영도소조 제1차 전체회의에서의 연설」

(2014년 3월 15일), 『인민일보』(2014년 3월 16일)

시
진
핑,
개혁을
심화하라

호혜공영, 균형, 안전, 개방형 경제체제의 완성

(实行更加积极主动的开放战略, 完善互利共赢、
多元平衡、安全高效的开放型经济体系)

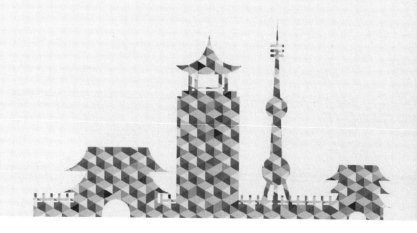

호혜공영, 균형, 안전, 개방형 경제체제의 완성
(实行更加积极主动的开放战略, 完善互利共赢、多元平衡、安全高效的开放型经济体系)

우리의 사업은 세계 각국과 협력하여 함께 번영하는 사업이다. 국제사회는 점점 '네 안에 내가 있고, 내 안에 네가 있는(你中有我, 我中有你)' 운명공동체가 되었다. 세계경제의 복잡한 정세와 글로벌 문제 앞에서 어떠한 국가도 모두 자기만 생각할 수 없으며 혼자만 뛰어날 수도 없다. 이것은 바로 각국이 어려움 속에서도 협력하고, 마음을 합쳐 협력하여 어려움을 극복할 것을 요구한다. 자기 나라의 이익을 추구할 때 타국을 합리적으로 배려하고, 자기 나라의 발전을 모색하면서 각국 공동 발전을 촉진하고, 훨씬 평등하고 균형적인 신형 글로벌 발전 동반자관계(新型全球发展伙伴关係)를 건립하고, 인류 공동의 이익을 증진하고, 훨씬 아름답고 살기 좋은 지구촌을 공동으로 건설해야 한다.

「중국에서 일하는 외국 전문가 대표와의 좌담회에서의 연설」(2012년 12월 5일)
『인민일보』(2012년 12월 6일)

세계의 번영과 안정은 중국의 기회이며 중국의 발전도 세계의 기회이다. 평화발전의 길이 계속될 것인가. 많은 부분 우리가 세계의 기회를 중국의 기회로 바꿀 수 있는가 하는 점도 중국의 기회를 세계의 기회로 바꿀 수 있는가에 달려 있다. 중국과 세계 각국은 우호적으로 상호작용하고 호혜공영 속에서 전진해왔다. 우리는 우리나라가 처한 실제에서 출발하여 군건하게 흔들리지 않고 우리의 길을 걸어갈 것을 견지하는 동시에 세계를 보는 안목을 수립하고, 국내 발전과 대외 개방을 한결 더 좋게 통일시켜야 하며, 중국의 발전과 세계의 발전을 연계시키고, 중국 인민의 이익과 각국 인민의 공동 이익을 서로 결합시켜 끊임없이 각국과의 상호이익협력을 확대하고 한층 적극적인 자세로 국제문제에 참여하며, 글로벌 도전에 공동으로 대응하고 전 세계의 발전을 위하여 공헌할 수 있도록 노력해야 한다.

「18기 중앙정치국 제3차 집체학습에서의 연설」(2013년 1월 28일)

『인민일보』(2013년 1월 30일)

중국이 개방한 대문은 닫히지 않을 것이다. 과거 10년, 중국은 세계무역기구(WTO)의 가입조건을 전면적으로 이행했고 비즈니스 환경은 더욱 개방되었고 규범화 되었다. 중국은 장차 훨씬 큰 범위, 훨씬 넓은 영역, 훨씬 깊은 차원에서 개방형 경제 수준을 높여나갈 것이다. 중국의 대문은 계속해서 각국 투자자에게 개방될 것이고, 외국의 대문 또한 중국의 투자자들에게 한층 더 활짝 열리게 될 것을 희망한다. 우리는 어떠한 형식의 보호주의도 단호하게 반대한다. 협상과 타협을 통해 관련 국가와의 경제 분쟁을 해결하기를 희망하며 적극적으로 다자경제무역체제 건립을 추동하여 균형적이고 함께 번영하고 배려하며 발전하기를 희망한다.

「보아오(博鰲) 포럼 2013년 회의에 참석한 중외 기업가대표 좌담회에서의 연설」

(2013년 4월 8일), 『인민일보』(2013년 4월 9일)

개방형 세계경제를 공동으로 보호하고 발전시켜야 한다. "꽃송이 하나 피었다고 봄이라고 할 수 없고 온갖 꽃들이 함께 피어야 비로소 봄이라 할 수 있다(一花独放不是春, 百花齐放春满园)." 각국 경제라는 것이 서로 통하면 함께 나아가고, 서로 막히면 각자 뒤로 빠지는 것이다. 우리는 반드시 시대의 조류에 순응하고 각종 형식의 보호주의를 반대하고 국내와 국제 두 개의 시장과 두 가지 자원을 통괄해 이용해야 한다.

「개방형 세계경제의 공동 보호와 발전: G-20 정상회의 제1단계 회의
세계경제정세에 대한 연설」(2013년 9월 5일), 『인민일보』(2013년 9월 6일)

중국은 장차 호혜공영하는 개방전략을 견지하고 투자와 무역체제개혁을 심화하며, 법률과 법규를 개선하고 중국 내 각국 기업의 공평한 경영의 법치 환경을 만들기 위해 관련 국가와의 무역 분쟁을 협상을 통해 해결할 것이다.

「개방형 세계경제의 공동 보호와 발전: G-20 정상회의 제1단계 회의
세계경제정세에 대한 연설」(2013년 9월 5일), 『인민일보』(2013년 9월 6일)

유럽과 아시아 각국 경제 연계를 더욱 긴밀하게 하고 상호 협력을 한층 심화하여 발전 공간을 훨씬 광범위하게 하기 위해 우리는 혁신적인 협력 모델을 통해 '실크로드경제권(丝绸之路经济带)'을 공동으로 건설한다. 이것은 실크로드를 따라 인접한 각국 인민에게 축복을 가져다주는 큰 사업이다.

「인민 우의 선양, 아름다운 미래의 공동 창조: 나자르바예프(Nazarbayev) 대학에서의 강연」
(2013년 9월 7일), 『인민일보』(2013년 9월 8일)

실크로드경제권의 총인구는 30억에 이른다. 시장규모와 잠재력은 유일무이하다. 무역과 투자 영역에서 각국의 협력 잠재력은 매우 크다. 각국은 반드시 무역과 투자 편리화 문제에 대해 탐색과 토론을 진행하고 적절한 구상을 마련하며, 무역 장벽을 제거하고 무역과 투자의 비용을 줄이며, 역내 경제순환 속도와 질을 제고하여 상호 이익과 공동 번영을 실현해야 한다.

「인민 우의 선양, 아름다운 미래의 공동 창조: 나자르바예프 대학에서의 강연」
(2013년 9월 7일), 『인민일보』(2013년 9월 8일)

동남아지역은 예로부터 '해상실크로드'의 중요 요충지였으며 중국은 아세안(ASEAN)과 해상 협력을 강화하여 중국 정부가 설립한 중국—아세안 해상협력기금을 활용하고 해양협력 동반자관계를 잘 발전시켜 공동으로 21세기 '해상실크로드' 건설을 희망한다. 또한 중국은 아세안과 각 영역의 실무 협력 확대를 통해 서로 나누고 부족한 것을 채우며, 장점을 서로 보완하며 아세안과 공동으로 기회를 향유하고 함께 도전을 맞이하며, 공동 발전과 공동 번영을 실현할 것을 희망한다.

「중국-아세안공동체를 손잡고 건설하자: 인도네시아 국회에서의 연설」(2013년 10월 3일),
『인민일보』(2013년 10월 4일)

먼 곳으로 눈을 돌려, 각 구성원들을 추동해 경제구조 조정을 심화하고 아시아·태평양 지역의 장구한 발전을 위해 더 많은 동력에 주의를 기울여야 한다. "사람은 먼일을 걱정하지 않으면 필히 눈앞의 근심거리가 생긴다(人无远虑, 必有近忧)." 현재 문제를 해결함과 동시에 먼일에 대한 계획도 한층 필요하다. 장기 발전의 관건은 개혁의 혁신에 있다. 경제발전방식을 바꾸고 경제구조를 조정하며, 개혁의 혁신을 추진하고 내수 잠재력, 혁신 동력, 시장 활력을 통해 지속적이고 건강한 경제발전에 내생적인 동력을 제공해야 한다. 원래 개혁의 길은 탄탄대로가 없고 선진국에 속하든 개발도상국에 속하든 개혁을 위해 지불해야 하는 필요비용을 준비해야 한다. 그것이 어렵기 때문에 용기와 의연함을 더욱 드러내어야 한다. 또한 그것이 성실하게 이행되어야만 한결 더 진귀한 것을 채울 수 있다.

「아시아·태평양 지도 역할을 발휘하고 개방형 세계경제를 보호하고 발전시키자:
APEC 정상회의 제1단계 회의에서 글로벌 경제정세와 다자무역체제에 관한 연설」
(2013년 10월 7일), 『인민일보』(2013년 10월 8일)

우리는 앞으로 한층 적극적이며 주동적인 개방전략을 실행하여 상호 이익과 공동 번영, 다원 평형, 안전하고 고효율의 개방형 경제체제를 완성하고, 연해와 내륙 연안지역 개방 장점의 상호 보완을 촉진하고, 국제경제협력과 경쟁을 끌어들이는 개방구역을 만들고, 지역발전을 가져오는 개방 고지를 육성해 나갈 것이다. 또한 수출과 수입 모두가 중요하다는 것을 견지하고 대외무역의 균형적 발전을 추동할 것이다. '투자유치(引进来)'와 '해외투자(走出去)' 모두의 중요성을 견지하여 국제투자 협력수준을 제고할 것이다. 투자와 무역체제개혁을 심화하고 법률과 법규를 개선할 것이다. 각국이 중국 내에서 기업을 공평하게 경영할 수 있는 법치 환경을 만들어 나갈 것이며 또한 장차 양자와 다자 그리고 지역과 차(次)지역의 개방 협력을 종합하고 자유무역지대 전략을 가속화할 것이며 주변 국가와의 상호 연대와 상호 소통을 추진할 것이다.

「개혁개방을 심화하고 아름다운 아시아-태평양을 함께 만들자:
APEC 최고경영자회의에서의 연설」(2013년 10월 7일), 『인민일보』(2013년 10월 8일)

중국은 장차 태평양 양안을 가로질러 모든 국가에 혜택이 미치는 지역 협력틀을 구축하는 데 최선을 다할 것이다. 태평양은 광대하고 가로막혀 있는 것이 없기 때문에 우리는 태평양에 인위적인 장벽을 설정해서는 안 된다고 생각한다. 우리는 APEC이 지도와 협력의 역할을 잘 발휘하여 개방과 포용, 상호 이익과 공동 번영 사상을 견지하고 거시경제정책에서 협력을 강화하며, 역내 자유무역을 위한 협조를 촉진하고 역내 일체화 진전을 심화시키며, '스파게티 볼 현상'*을 방지하고 태평양 연안에 한층 긴밀한 동반자관계 구축을 추동하며, 아시아·태평양의 장기적인 발전을 공동으로 도모할 것이다.

「개혁개방을 심화하고 아름다운 아시아-태평양을 함께 만들자:
APEC 최고경영자회의에서의 연설」(2013년 10월 7일), 『인민일보』(2013년 10월 8일)

상호 이익과 공동 번영의 틀을 힘써 심화시켜야 한다. 경제, 무역, 과학기술, 금융 등 방면의 자원을 총괄하고, 비교우위를 잘 이용하고 주변 국가와 상호 이익과 협력을 심화하는 전략적 일치점을 찾아내며, 역내 경제 협력에 적극적으로 참여해야 한다. 관련 국가와 함께 노력하여 기초 시설의 상호 연대와 상호 소통을 훨씬 빠르게 하고, 실크로드경제권, 21세기 해상실크로드를 잘 건설해야 한다. 주변 지역을 기반으로 자유무역지대 전략을 한층 빠르게 실시하기 위해 무역과 투자 협력 공간을 확대하고, 역내 경제일체화의 새로운 틀을 구축한다. 역내 금융 협력을 끊임없이 심화하기 위해 아시아 기초설비 투자은행을 적극적으로 만들고 역내 금융 안전 네트워크를 개선해야한다. 접경(沿边)지역 개방을

---

* 역주) 많은 나라와 동시에 자유무역협정(FTA)을 체결하면 나라마다 다른 원산지 규정 적용, 통관 절차, 표준 등을 확인하는 데 시간과 인력이 더 들어 거래비용 절감이 기대보다 반감되는 현상으로 스파게티 접시 속에 담긴 스파게티 가락들이 서로 복잡하게 얽혀 있는 모습과 비슷하다 해서 스파게티 볼 현상(Spaghetti bowl phenomenon)이라고 부른다.

더욱 빠르게 하기 위하여 변경에 접해 있는 성, 자치구와 주변 국가와의 상호 이
익 협력을 심화한다.

「주변 외교 공작 좌담회에서의 연설」(2013년 10월 24일), 『인민일보』(2013년 10월 26일)

거시경제 안정과 경제 발전 방식 전환의 필요성이라는 측면에서 보면, 한층
빨라진 해외투자 흐름은 대세이다. 국제시장은 거대한 공간이다. 비록 '하늘이
높아 새는 자유로이 날고, 바다는 넓어 물고기는 마음껏 솟구친다(天高任鸟飞, 海
阔凭鱼跃)'고 말하지만, 그러나 어디로 날지 그리고 풍랑이 있는 지도 명확하게
해야 한다. 새가 자유로이 날아도 눈 없이 마음대로 어지럽게 날 수도 없고 물고
기가 마음껏 헤엄쳐도 소용돌이 안으로 들어가서는 안 된다. 정부는 거시적 차
원에서 지도와 서비스를 한층 강화해야 한다. 글로벌 투자 수요의 규모, 영역과
국가별 연구를 잘해야 하고, 대외 투자에 대한 매우 확실한 정보를 제공해야 하
며 대외 투자의 심사 비준 절차도 간소화해야 한다.

「중앙경제공작회의에서의 연설」(2013년 12월 10일)

실크로드경제권 건설과 21세기 해상실크로드 건설은 당 중앙이 정치, 외교,
경제사회발전을 포괄하는 전체적인 국면에서 만들어낸 중대한 전략적 정책이
며, 새로운 개방을 확대하는 중요한 조치이며 또한 주변 환경을 유리하게 만드
는 중요한 조치이다. 이미지 차원에서 말하면, 이 실크로드경제권과 해상실크
로드는 바로 우리들 대붕(大鵬)에 두 날개를 끼워 올리는 것과 같다. 잘 건설하
면 대붕은 훨씬 높고 훨씬 먼 곳으로 날아오를 것이다. 이는 또한 국제사회에 대
한 우리의 약속이기 때문에 반드시 잘 처리해 나가야 한다.

「중앙경제공작회의에서의 연설」(2013년 12월 10일)

경제외교업무를 잘하고, 비교우위의 이점을 특출하게 발휘하기 위해서는 국제 경쟁에서 장점을 발양하고 단점의 보완을 잘해야 한다. 우리는 풍부한 노동력 자원과 광활한 시장 공간을 가지고 있다. 또한 3조 달러 이상의 외환보유고가 있다. 이것들은 모두 우리들이 사용할 수 있는 카드이다. 동시에 우리나라는 사람은 많고 토지는 적고 에너지 자원은 충분하지 않고 생태환경은 악화되어 있다. 이러한 요인들이 우리가 국제 자원을 한층 더 많이 이용할 필요가 있다는 것을 결정했다. 우리나라가 과잉생산하는 현실적인 모순도 국외 이전이나 국제 시장에 의존한 소비를 필요로 한다. 관건은 우리의 장점과 약점을 정확하게 파악하는 것이다. 이 기초 위에서 국면(布局)을 개선하고 정책을 잘 결정하며, 장점을 발휘하는 데 유리한 경제무역 협력 플랫폼을 만들어서 우리가 가진 장점으로 그들의 열세에 대처하고, 그들이 가진 장점으로 우리의 열세를 보완해야 한다. 전면적인 대외 개방 조건 아래에서 장점을 발휘하는 것도 좋고 열세를 보완하는 것도 좋다. 이 모든 것은 우리가 문을 닫아걸고 마음대로 한다는 것은 아니다. 보다 공평하고 합리적인 글로벌 거버넌스 체계를 만들어내기 위해서는 새로운 국제 경제무역 담판과 규칙 제정에 심도 깊게 참여하고 투자와 무역 자유화 제도 안배를 추동하여 우리 인민들이 제조업에 솜씨를 보이고 통상의 장점을 충분히 잘 발휘하도록 해야 한다.

「중앙경제공작회의에서의 연설」(2013년 12월 10일)

자유무역시험구 건설은 당 중앙이 새로운 정세 하에서 개혁개방을 추진하기 위해 제안한 중대한 조치이다. 국제적으로 통용되는 규칙을 확실하게 파악하기 위하여 국제 투자, 무역 통행 규칙과 서로 연결되는 기본 제도 체계와 감독 관리 모델을 한층 빠르게 만들고 자원 배분 과정에서 시장이 결정적인 역할을 충분히 발휘하도록 하며, 또한 정부의 역할을 훨씬 잘 발휘하도록 해야 한다. 대범하게 뛰어들고 대범하게 시도하며 자율적으로 개혁하기 위해 복제가능하고 널리 보급할 수 있는 새로운 제도를 최대한 빨리 만들고, 투자 무역의 편리성과 감독 및 관리의 고효율과 민첩함 그리고 법제 환경 규범화 등을 촉진하기 위해 유용하고 효과적인 성과를 먼저 시범적으로 빠르게 내 놓아야 한다. 서비스업의 대외 개방 확대를 위해 국제 선진 경험을 들어와 서비스업의 수준을 높여야 한다. 자유무역시험구에서 문제가 될 수 있는 여러 리스크를 검토하여 각 방면에서 발생할 수 있는 위험을 잘 통제하고 체계적 위험, 특히 금융 위험을 확실하게 대비해야 한다.

「12기 전국인대 2차회의 상하이(上海) 대표단 심의에서의 연설」(2014년 3월 5일)

『인민일보』(2014년 3월 6일)

우리는 공동으로 시장 개방을 견지하기 위해 투자협정의 담판을 한층 빠르게 하고 자유무역구 건설을 적극적으로 탐색하고 토론해야 하며 2020년 쌍방 무역액이 1조 달러에 이르는 거대한 목표를 실현하기 위해 노력해야 한다. 우리는 또한 적극적으로 중국과 유럽의 협력과 실크로드경제권 건설을 결합하는 것을 탐색하고 연구해야 한다. 아시아와 유럽이라는 거대한 시장 구축을 목표로 아시아와 유럽 양 대륙의 인원, 기업, 자금, 기술 등을 생동적으로 달아오르게 하여 중국과 유럽연합이 세계 경제 성장의 두 축이 되도록 해야 한다.

「벨기에 브뤼헤(Bruges) 유럽대학에서의 연설」(2014년 4월 1일)

『인민일보』(2014년 4월 2일)

12

전면심화개혁에서의 지도 역량
(领导好全面深化改革这场攻坚战)

전면심화개혁에서의 지도 역량
(领导好全面深化改革这场攻坚战)

　　개혁개방은 수억 인민 자신의 사업이기 때문에 반드시 인민의 창조 정신을 견지하고 존중해야 하며, 당의 영도 아래 추진하는 것을 견지해야 한다. 개혁개방은 인민의 필요와 당의 주장이 통일된 것이며 인민군중은 역사의 창조자이며 개혁개방사업 실천의 주체이다. 그래서 반드시 인민 주체 지위와 당 영도 통일을 견지해야 한다. 오직 인민에 의지하여 개혁개방을 추진해야 한다. 개혁개방의 인식과 실천에서의 돌파와 발전, 개혁개방 과정에서의 새로운 사물의 탄생과 발전, 개혁개방의 모든 방면에서의 경험의 창조와 축적은 매번 수억 인민의 실천과 지혜로부터 오지 않는 것이 없다. 개혁과 발전, 안정의 임무가 무겁고 막중할수록 우리들은 더욱 당의 영도를 강화하고 개선해야 하며, 당과 인민대중과의 혈육관계를 더욱 더 보존해야 하고 정확한 노선과 방침, 정책을 제기하고 관철시켜 인민의 진보를 잘 이끌어야 하며, 인민의 실천으로부터 창조와 발전의 요구를 정책적 주장으로 반영해야 하고, 개혁의 성과가 훨씬 많고 훨씬 공평하게 전체 인민에게 돌아가야 하며 개혁개방을 심화하기 위하여 끊임없이 대중 기초를 다져나가야 한다.

「제18기 중앙정치국 제2차 집체학습에서의 연설」(2012년 12월 31일)

전면심화개혁은 복잡하고 체계적인 프로젝트이다. 단순히 하나 혹은 몇 개 부문에 의지해서는 종종 힘에 부쳐 뜻대로 되지 않는다. 이것이 바로 한층 고차원적인 지도 메커니즘 건립이 필요한 이유이다. 전체회의에서 중앙은 전면심화개혁영도소조(全面深化改革領導小組)를 건립하고 개혁의 총체적인 설계, 총괄적 협조, 전체적인 추진, 실천의 감독에 책임을 져야 한다고 결정했다. 이것은 당이 전체적인 국면을 장악하고 각 방면의 협조를 이끌어내는 지도 핵심 역할을 더욱 잘 발휘하도록 하고 개혁이 순리대로 추진되고 각 방면의 개혁 임무가 실행될 수 있도록 담보하기 위한 것이다. 영도소조의 주요 직무는 다음과 같다. 전국적 성격을 지닌 중대 개혁을 통일적으로 배치하고 각 영역의 개혁을 총체적으로 추진하며, 각 방면의 역량을 조정하여 개혁을 힘을 합쳐 추진하고 감독과 점검을 강화하고 전면적으로 개혁 목표 임무를 실천하도록 추동하는 것이다.

「'중공중앙의 전면심화개혁의 약간의 중대한 문제에 관한 결정' 에 대한 설명」
(2013년 11월 9일), 『인민일보』(2013년 11월 16일)

개혁을 심화하는 문제에서 여러 사상관념 장애는 종종 체제 외부에서 오는 것이 아니라 체제 내부에서 온다. 사상을 해방하지 않으면 우리는 바로 각종 이익이 공고화되는 문제의 소재를 매우 분명하게 보기가 어렵고 돌파의 방향이나 작용점을 찾기가 매우 어려우며, 창조적인 개혁 조치를 이끌어내기가 어렵다. 그래서 어느 정도 자아 혁신의 용기와 포부를 가지고 이런저런 제약으로부터 벗어나고 부문 이익의 방해를 극복하여 개혁 조치를 적극적이며 주동적으로 정신 바짝 차려 연구하고 제안해야 한다.

「'중공중앙의 전면심화개혁의 약간의 중대한 문제에 관한 결정' 에 대한 설명」
(2013년 11월 9일), 『인민일보』(2013년 11월 16일)

전면심화개혁은 당과 국가사업 발전의 총체적인 국면의 중대한 전략적 배치와 관련되어 있을 뿐, 특정한 영역이나 방면의 개별적인 개혁과 관련되어 있지 않다. "전체적인 국면에서 문제를 고려하지 않으면 한 영역의 문제도 잘 처리할 수 없다(不謀全局者, 不足謀一域)." 여러분들이 서로 다른 부문이나 단위에서 왔을지라도 모두 전체적인 차원에서 문제를 바라보아야 한다. 먼저, 제출된 중대한 개혁 조치가 총체적인 필요성 차원에 부합하는 것인지, 당과 국가사업의 장기적이고 원대한 발전에 유리한지 아닌지 생각해야 한다. 바로 진정으로 앞서서 전망하고, 앞서서 사유하며, 앞당겨 국면을 도모해야 한다. 이렇게 해야만 마지막에 만들어지는 문건은 비로소 당과 인민의 사업 발전 요구에 진정으로 부합할 수 있다.

「'중공중앙의 전면심화개혁의 약간의 중대한 문제에 관한 결정'에 대한 설명」
(2013년 11월 9일), 『인민일보』(2013년 11월 16일)

국가와 민족 그리고 인민의 이익을 보호하고 발전시키고 당의 집권 기초와 집권 지위를 견지하고 공고히 하는 것이 바로 근본이다. 전 당은 반드시 강렬하고 진취적인 생각을 가져야 하고 전면심화개혁이라는 이 난관을 잘 헤쳐나가야 하며 중국특색 사회주의의 한층 광활하고 발전된 미래를 힘써 개척해 나가야 한다. 강력하고 진취적인 생각을 가지고 있느냐 여부는 바로 신념이 있느냐 없느냐가 관건이다. 가장 근본적인 신념은 바로 당의 '하나의 중심, 두 개의 기본점'이라는 기본 노선을 동요하지 않고 견지하는 것이고, 당의 11기 3중전회 이래의 노선과 방침 그리고 정책을 동요하지 않고 견지하는 것이며 중국특색 사회주의를 동요하지 않고 견지하는 것이다. 중앙정치국이 이러한 신념을 확고하게 견지한다면, 중앙위원회가 이러한 신념을 확고하게 견지한다면, 전 당이 이러한 신념을 확고하게 견지한다면, 전국 각 민족 인민이 이러한 신념을 확고하게 견지한다면, 어떠한 비바람, 곤경, 도전을 만난다할지라도 우리는 확고하고 흔들림 없이 개혁개방을 한층 깊이 있게 이끌 수 있을 것이다.

「중공 제18기 3중전회 제2차 전체회의에서의 연설」(2013년 11월 12일)

35년 동안의 끊임없는 개혁을 통해 고치기 쉬운 많은 문제들은 이미 효과적으로 해결했다. 남아 있는 문제들은 대부분 몰두하기가 비교적 어려운 막중한 것들로 심지어 총체적 국면의 민감한 문제와 중대한 문제에 영향을 미치는 것들이다. 미래로 나아가는 길에서 마주치는 문제를 끊임없이 좋게 해결하는 것은 우리들 이 세대 사람의 책임이다.

「중공 제18기 3중전회 제2차 전체회의에서의 연설」(2013년 11월 12일)

인민에 굳게 의지하여 개혁을 추동하자. 인민은 역사의 창조자이며 우리들이 가지고 있는 역량의 원천이다. 개혁개방의 길에서 소위 광범위한 인민대중들의 충심어린 지지와 적극적인 참여를 얻었다. 가장 근본적인 원인은 우리들이 개혁개방사업을 인민대중 속으로 깊이 뿌리를 내리게 하는 것이다. 전체회의 결정은 개혁개방에서 쌓은 값지고 귀한 경험을 총괄했다. 그 가운데 가장 중요한 것은 바로 사람을 근본으로 하고, 인민의 주체 지위를 존중하고, 대중이 창조적 정신을 발휘하도록 하고, 굳세게 인민에 의지하여 개혁을 추동하라는 것을 반드시 견지해야 한다고 강조한 것이다. 인민의 지원과 참여가 없다면 어떠한 개혁도 모두 성공할 수 없다. 어떠한 곤경과 도전을 만난다 할지라도 인민의 지원과 참여만 있다면 극복할 수 없는 곤경은 없으며 뛰어 넘지 못하는 구덩

이는 존재하지 않는다.

「당의 18기 3중전회 정신으로 확고히 사상을 통일시키자」(2013년 11월 12일)

『구시』 2014년 제1기

전 당 동지 특히 각급 영도간부는 자아 혁신의 용기와 포부가 있어야만 이런 저런 구속으로부터 벗어날 수 있고 중앙과 지방, 전체적인 차원과 지엽적인 차원, 장기적인 것과 현재의 관계를 정확하게 처리할 수 있으며 이익구조의 조정에 정확하게 대처할 수 있고 지방과 부문 이익 간의 견제를 명확하게 극복할 수 있다. 사회생산력의 해방과 발전에 도움이 되고 경제사회의 지속적이며 건강한 발전에 도움이 되며, 수많은 인민의 근본적인 이익을 잘 실현하고 잘 보호하며 잘 발전시키는 데 도움이 되고 당의 집권 기초와 집권 지위를 공고히 하는 데 도움이 된다면 바로 대범하게 시도하고 대범하게 부딪쳐야 하며 확실히 파괴하고 확실히 고쳐나가야 한다.

「중공 제18기 3중전회 제2차 전체회의에서의 연설」(2013년 11월 12일)

전면심화개혁 사업은 전체적인 국면과 관련되어 있고 그 영향은 깊고도 멀다. 전체회의 결정을 실천하는 관건은 중점을 잡고 절차 있게 질서를 잘 잡아 업무를 실천하고 추진하여 반드시 일을 이룰 수 있도록 애써야 한다. 전체회의가 설정한 개혁 목표는 2020년이다. 몇 년 남아 있지 않아 시간이 매우 촉박하다. 전체회의가 제안한 매우 많은 개혁은 원칙에 관한 것이고 각 방면에 관한 구체적인 것은 문건의 단락이나 문단에 나와 있다. 어떤 것은 즉시 효과가 나타나는 것이고 어떤 것은 실시해봐야만 명확해지며 어떤 것은 계획일 뿐이고 어떤 것은 3년 내지 5년이 지나야 완성할 수 있는 것이다. 전체회의가 시작되고 전체회의 결정이 공표되자마자 수많은 개혁 조치들을 모두 쏟아냈기 때문에 안배(部署)를 단단히 하여 이후에 혼란스러워지는 것을 방지해야 한다. 개별적인 개혁 조치들은 모두 구체적으로 안배가 이루어져야 하고 구체적으로 계획되어야 하며 구체적으로 요구되어 질서정연하게 추진되어야 한다. 임무를 어떻게 나눌 것인지 책임을 어떻게 명확히 할 것인지 연도별 전후 계획을 어떻게 안배하고 연중, 연말 감독을 어떻게 할 것인지 주의를 기울여야 한다.

「중공 제18기 3중전회 제2차 전체회의에서의 연설」(2013년 11월 12일)

중앙은 장차 전면심화개혁영도소조를 설립하여 개혁의 총체적인 설계, 총괄적인 협조, 전체적인 추진, 실천의 감독 책임을 맡길 것이다. 전체적인 국면에 영향을 주는 중대한 개혁은 중앙이 통일적으로 안배할 것이며 각 지역과 부문은 중앙의 요구에 따라 개혁을 추진하고 각자 제멋대로 하고 집단 행동하는 것은 허락하지 않을 것이다. 각급 당위원회는 전면심화개혁을 한층 두드러진 중요한 위치에 두고 지도책임을 강화해야 한다. 중앙과 국가 기관, 군대 등은 전체회의 요구와 중앙의 통일 안배에 따라 조직 지도를 강화하고 이행의 직무 책임을 확실히 하고 이 체계적인 개혁의 방안, 조치, 절차를 깊이 있게 연구하여 추진하고 이 체계적인 개혁 업무를 적극적으로 안전하고 확실하게 추진해야 한다. 각 성, 자치구, 직할시는 상응하는 지도 메커니즘을 설립하고 중앙의 요구에 따라 해당 지역에 관련된 중대한 개혁 조치를 조직적으로 잘 실시해야 한다.

「중공 제18기 3중전회 제2차 전체회의에서의 연설」(2013년 11월 12일)

중앙 정신에 대해 잘 꿰뚫고 있고 실제와 결합시켜 개혁 발전의 중대한 문제와 대중이 강경하게 반응하는 돌출 문제의 영향을 깊이 있게 연구하여 해결하는 방향으로 청사진을 방안으로 바꾸고 방안을 현실화하는 것에 진력해야 한다. 위로부터 아래로의 개혁과 아래로부터 위로의 개혁을 확고하게 결합시키려면 지방, 기층, 대중을 격려하고 적극적으로 탐색해야 한다. 감독과 검사를 강화하기 위하여 미행 감독을 잘하고, 정기 평가 메커니즘을 건립하고 존재하는 문제와 원인을 즉시 분석하고 조사하며 개혁의 대응성, 과학성, 실효성을 증강해야 한다.

「중공 제18기 3중전회 제2차 전체회의에서의 연설」(2013년 11월 12일)

당의 18기 3중전회가 내놓은 결정은 우리 당의 새로운 시대 조건 하에서의 전면심화개혁에 대한 총체적인 구상이며 총동원이다. 군령은 이미 하달되었고 집합 소리는 이미 울려 퍼졌으며 작전 지휘부는 이미 만들어졌고 각 방면 군은 바로 전장으로 달려 나갈 것이다. 1할은 계획이고 나머지 9할은 실천(一分部署 九分落实)이다. 전체 회의가 끝난 후 나는 이미 언급하였다. 좋은 문건 하나 제정하는 것은 단지 만리장성을 완주하는 데 첫걸음을 내디딘 것일 뿐이다. 관건은 여전히 문건을 실천하는 데 있다. 진정으로 전체회의 정신을 현실 세계를 개조하는 강대한 힘으로 바꿔야 한다.

「중앙경제공작회의에서의 연설」(2013년 12월 10일)

전체회의 정신을 이해하는 학습에서 관건은 실제와 연계하고, 메커니즘과 이론 연구 및 분석과 연계하고, 의혹의 해석과 연계하고, 온전하게 말하도록 노력하고, 충분하게 말하도록 노력하고, 구체적으로 말하도록 노력해야 한다. 전체회의가 제안한 새로운 사상, 새로운 판단, 새로운 조치를 정확하게 이해하고 전 당과 전 사회가 사상을 추동하여 전체회의 정신과 중앙의 정신으로 통일시켜야 한다. 전면적이라는 것은 바로 각종 개혁 조치를 체계적으로 파악하는 것이다. 장님 코끼리 만지기나 일부로 전체를 평가해서는 안 된다. 정확하게라는 것은 바로 각종 개혁 조치를 정확하게 파악하는 것이며 내막을 파악하지 못하거나 대충 해치우는 것이어서는 안 된다. 특히 몇몇 사람들이 전체회의 정신을 악의적으로 곡해하는 것을 방지해야 하고 유언비어를 날조하여 퍼뜨리는 것을 방지해야 하고 인심을 미혹시키는 것을 방지해야 하며 쌍방을 부추겨 시비를 일으키는 것을 방지해야 한다. 긍정적인 방향으로 선전의 힘을 더욱 강화하고 그릇된 풍조를 제거하여 바르게 보고 듣게 하고 그러한 부정확하고 불완전하며 심지어 함축적 의미로 곡해하는 이른바 '해독(解讀)'이라는 선입관에 사로잡히는 것을 피하여 전체회의 정신의 전면적인 관철에 영향을 미치게 해야 한다. 각급 영도간부 특히 고급간부는 개혁의 역사적인 필연성을 심각하게 인식하고 정치적 책임을 짊어져야 하며 광범위한 인민대중이 개혁을 숙지하고 개혁을 이해하며 개혁을 지지하도록 이끌고 최대한도로 개혁의 긍정적인 에너지를 모아야 한다.

「중앙경제공작회의에서의 연설」(2013년 12월 10일)

전면심화개혁은 심층적인(深层次) 사회관계와 이익조정을 건드리기 때문에 매우 복잡하다. 현재, 사회적으로 개혁에 대해서 이미 매우 어렵다는 정서도 존재하고 경솔한 마음도 존재한다. 우리는 반드시 용기를 더 크게 가지고 걸음걸이를 안정되게 견지하고 전략적으로 과감하게 앞으로 나아가야 한다. 전술적으로는 차근차근 확실하게 나가야 한다. 아래와 같은 글귀가 있다. "천하의 어려운 일은 반드시 쉬운 일부터 시작되고 천하의 큰일은 반드시 미세한 일부터 시작된다(天下难事必作于易, 天下大事必作于细)."

「중앙경제공작회의에서의 연설」(2013년 12월 10일)

3중전회가 제안한 개혁의 임무를 관철하고 실천하는 것은 전 당이 보고 있고 군중이 보고 있으며 국제사회가 역시 주시하고 있다. 개혁은 표본을 만드는 것이 아니며 표면적인 문장을 만드는 것도 아니다. 오직 하지 않으면 행하지 않는 것이라고 말할 수 있다. 말해놓고 하지 않으면 성과 또한 이루어지지 않는다. 말로만 해서는 안 된다. 실질적인 성과를 내기 위해서는 '말은 반드시 신뢰가 있어야 하고 행동하면 반드시 결과가 있어야 한다(言必信, 行必果)'는 말처럼 해야 한다. 임무가 확정되면 바로 한 걸음 한 걸음 발자국을 남겨야 하고 차근차근 확실하게 나가야 한다. 작은 성과가 쌓여 큰 성과가 되고 반걸음이 쌓여 천리에 이른다. 내년도 개혁은 시간표를 거꾸로 돌려 가장 급박한 사항부터 개혁을 시작해야 하고 국민들이 가장 기대하는 영역부터 시작해야 하며, 경제사회발전을 제약하는 가장 두드러진 문제부터 시작해야 하고 사회 각계에서 충분히 공통된 인식에 다다를 수 있는 부분부터 개혁을 시작해야 하고 즉시 효과가 나타나는 개혁을 추진하며 국민들이 실재적으로 얻어낼 수 있는 것으로 개혁을 시작하고 전 사회가 시장 환경, 창업 조건, 간부 작풍 등이 하루하루 좋아지는 것을 체감할 수 있는 개혁이어야 한다. 쉽게 하고 나중에 어렵게 한다는 것을 견지하고, 쉽게 할 수 있는 것은 먼저 한다는 것을 견지하고, 어렵게 할 수 있는 것은 하지 않는 게 아니라는 것을 견지하고, 확실하게 계획하고 빨리 추진하기 위해서 다음 단계 개혁을 심화하기 위해서 조건을 창출해 나가야 한다.

「중앙경제공작회의에서의 연설」(2013년 12월 10일)

전면심화개혁은 당의 집권 능력과 지도 수준에 대해서는 하나의 새로운 시험이고 당 건설과 각 항 업무를 잘하는 데 대해서는 한결 높은 요구를 새롭게 제기하였다. 우리가 훈련을 하고 소질을 높이고 간부를 선발하고 성원을 보충하고 인재를 기르고 현명한 재능을 모으고 기층을 틀어쥐고 기초를 다지고 작풍을 바꾸고 이미지를 수립하고 청렴을 주창하고 부패를 징벌하는 이 모두는 전면심화개혁을 위주로 임무를 견고하게 정해야 하고 전면심화개혁의 실제적인 성과를 보장하고 촉진하는 것으로 검사받아야 한다. 전면심화개혁이라는 이 공격적이며 견고한 일전(一戰) 위해서 학습과 실천을 더욱 강화하고 각급 영도간부의 사상정치능력, 동원조직능력, 복잡한 모순을 관리하는 능력을 힘써 높여야 한다. 매 항의 중대 개혁 조치 공표는 모두 실시 효과와 사회적 반응을 전면적으로 분석하고 미리 판단해야 한다. 또한 대응성을 갖춘 업무 예비안도 준비해야 한다. 동태 추적을 더욱 강화하기 위해서는 일의 미세한 변화를 보고 그 발전 방향을 알아내야 하며 막 불거지는 문제와 경향성 문제를 잘 발견해내야 하고 즉시 효과적인 조치를 채택하여 해결해야 한다. 출현 가능성이 있는 곤란한 문제 앞에서는 변화무쌍한 환경에 처해도 놀라지 않고 곤란한 일에 처해도 당황하지 않고 당과 인민에 의지하여 곤경과 싸워 이겨야 한다.

「중앙경제공작회의에서의 연설」(2013년 12월 10일)

전면심화개혁은 공격적이며 견고한 일전이며 우리 당 집권 능력에 대한 한 차례 중대한 시험이다. 전면심화개혁의 각 항 조치를 실제적인 곳에 구현하기 위해서, 체제 메커니즘의 고질병을 정복하기 위하여, 이익 공고화의 울타리를 돌파하기 위하여, 반드시 굳건하게 인민에 의지해야 하고, 군중 속에서 무궁한 지혜와 힘을 흡수해야 한다. 교육실천활동의 추진과 개혁업무 추진을 서로 결합하고, 4풍(4风) 고질병 치료 추진과 개혁 난제 해결을 서로 결합하는 것을 견지하고, 이미지 수립 추진, 정신 북돋움과 마음과 힘을 모으는 것을 서로 결합하기 위해서는 광범위한 당원과 간부들의 사상과 작풍을 단련하여 목적의식, 진취의식, 기회의식, 책임의식을 증강하고 광범위한 인민대중을 단결로 이끌어 공동으로 개혁 청사진을 현실로 바꿔야 한다.

「당의 대중노선 교육 실천활동 제1차 총결 및 제2차 배분(部署) 회의에서의 연설」
(2014년 1월 20일)

우리는 3중전회 정신을 관철하고 실천하는 데 있어서도 몇 가지 주의를 기울일 만한 가치가 있는 문제들이 있다는 것을 알아야 한다. 어떤 지방, 단위, 간부들은 3중전회 정신에 대해서 이해가 깊지 못하고 정확하지 않으며 전면심화개혁의 어려움, 복잡성, 관련성, 체계성에 대한 이해가 부족하다. 어떤 측면에서는 전면심화개혁의 중요성과 긴박성에 대한 인식이 부족하고 개혁 작풍을 틀어쥐는 것이 견실하지 못하고 업무 또한 제자리를 찾지 못하고 있다. 또한 개혁의 끊임없는 추진에 따라서 이익관계를 건드리는 것은 점점 깊어지고 이에 대해서도 충분한 사상적 준비가 있어야 한다는 것을 알아야 한다. 개혁 진행 과정 중에 이미 출현했거나 출현 가능성이 있는 문제에 대해서 곤경은 하나하나 극복해야 하고 문제는 하나하나 해결해야 한다. 앞서 나갈 때도 용기를 내고 대응할 때도 잘해서 전면심화개혁을 '빨리 하면서도 그 발걸음은 안정되게(踏疾而保稳)' 해야 한다.

「중앙전면심화개혁영도소조 제1차회의에서의 연설」(2014년 1월 22일),
『인민일보』(2014년 1월 23일)

중앙전면심화개혁영도소조의 책임은 바로 당이 18차 3중전회에서 제기한 각 항 개혁조치를 실행 가능하도록 자리를 잡아나가는 것이다. 깊이 있게 학습하여 3중전회 정신을 이해하기 위해서 당이 18대와 18기 3중전회에서 제안한 각 항 조치는 우리의 의사 결정의 총체적인 근거로 되어야 한다. 영도소조가 앞장서서 학습을 잘하고, 이해를 깊게 하며, 배운 것을 잘 스며들게 하고, 대세를 잘 보고, 대사(大事)를 잘 도모하며 국내와 국제 두 개 국면 그리고 당과 국가 사무라는 큰 틀 또한 전면적 심화개혁이라는 총체적인 국면에 서서 문제를 사고하고 연구해야 한다. 확실하게 개혁의 정확한 방향을 장악하려면 경로, 이론, 제도 등 근본적인 문제에 이르기까지 그리고 근본적인 시비와 선악 면전에서도 반드시 입장을 견결하게 세워야하고 기치를 선명하게 해야 한다. 규칙과 절차에 따라 엄격하게 일을 처리하기 위해서 여러 사람의 의견을 모아 큰 효과를 거둔다는 생각과 민주집중 의견을 견지해야 하며 무릇 토론하여 결정한 일은 나누어 실천하도록 하며, 틀림없이 성과를 내도록 해야 한다. 개혁을 책임지고 담당하는 것을 강화하기 위해서는 상황을 정확하게 알아야 하고 정치적 용기를 이끌어내야 하며 흔들림 없이 확고부동하게 해야 한다. 각 방면의 적극성을 충분히 이끌어내기 위해서는 개혁의 임무가 점점 복잡하고 중요해지기 때문에 우리는 더욱더 인민군중의 지지와 참여에 의지해야 하며, 정확한 개혁 조치의 제안과 관철을 통해서 인민을 잘 이끌어 앞으로 나아가야 한다. 또한 인민의 실천의 창조성과 발전의 요구로부터 개혁의 정책 주장을 잘 개선해 나가야 한다.

「중앙전면심화개혁영도소조 제1차회의에서의 연설」(2014년 1월 22일),

『인민일보』(2014년 1월 23일)

전문소조, 중앙개혁 판공실, 주도 단위와 참여 단위가 업무 메커니즘을 잘 구축하기 위해서는 각 부문의 직무와 책임을 한층 강화하는 협업의 배합을 잘해서 업무 협력이 만들어지도록 해야 한다. 먼저, 총체적인 것을 잘 잡고, 중점 부분을 잘 틀어쥐며, 이미 잘 틀어쥐고 있는 부분도 장구하게 틀어쥐어 중대한 관계를 잘 처리하고 전략, 임무, 전투 차원의 문제를 총괄적으로 사고하고 정책총괄, 방안총괄, 역량총괄, 진도총괄 업무를 잘해야 한다. 두 번째, 방안을 잘 틀어쥐어야 한다. 전면심화개혁의 총체적인 방향은 이미 존재한다. 긴급히 틀어쥐고 시행 방안을 내놓아야 하며 시행 방안에 따라 각 항 개혁을 추진할 조치들을 구체화해야 한다. 세 번째, 실천을 틀어쥐어야 한다. 3중전회 각 항 구체적인 개혁조치는 시간표가 필요하다. 항목 하나하나 실천을 틀어쥐어야 하고, 여러 가지 형식의 감독과 검사로 각 지역 각 부문으로 나누어 있는 임무와 실천 책임을 지도하고 도와주어야 한다. 넷째, 조사 연구를 틀어쥐어야 한다. 중대 개혁 문제에 대한 조사 연구를 한층 강화하기 위해 최대한 기층과 일선의 목소리를 많이 듣고 가능한 한 기초자료를 많이 접촉해서 중요 정황에 대해서 승산이 있도록 해야 한다. 각 지역과 부문을 추동하여 조사 연구를 한층 강화하기 위하여 관련 분야 전문가, 싱크탱크가 전면심화개혁에 대한 조사 자문 역할을 발휘할 수 있도록 고려해야 한다.

「중앙전면심화개혁영도소조 제1차회의에서의 연설」(2014년 1월 22일),
『인민일보』(2014년 1월 23일)

전면적인 이해를 위해서, 전면적인 파악을 위해서, 장님 코끼리 만지기식으로 일부를 보고 전체로 평가하는 것을 피하기 위해 전체회의 정신을 이해하고 학습하라. 특히 전체적인 정책 맥락과 구체적인 정책과의 관계, 체계적인 정책

사슬과 구체적인 정책 고리와의 관계, 정책 최상층 설계와 정책 분층과의 관계, 정책 통일성과 정책 차이성과의 관계, 장기성 정책과 단계성 정책과의 관계를 분명히 해야 하며, 지엽적인 것이 전체적인 것을 대체하지 못하게 하고 또한 전체적인 것이 지엽적인 것을 대체하지 못하게 하며 유연성이 원칙성을 훼손하지 않게 하고 또한 원칙성이 유연성을 속박하지 않도록 해야 한다.

「성부급 주요 영도간부의 제18기 3중전회 정신을 학습하고 관철하는 전면심화개혁 주제 연구 토론반에서의 연설」(2014년 2월 17일)

여론 선도를 강화하기 위해서 전 사회를 선도하여 3중전회 정신을 전면적으로 정확하게 이해하도록 한다. 인식이 분명하지 않은 것에 대해서 교육을 통한 선도를 강화해야 한다. 고의적으로 곡해하거나 악의적인 언론에 대해서는 견결하게 비난하여 우리들의 목소리를 내보내 바르게 보고 듣게 하여 전 당과 전 사회가 모두 개혁을 이해하고, 개혁을 지지하며, 개혁에 참여하고, 개혁을 추진하는데 노력해야 한다.

「성부급 주요 영도간부의 제18기 3중전회 정신을 학습하고 관철하는 전면심화개혁 주제 연구 토론반에서의 연설」(2014년 2월 17일)

전체회의 정신을 관철하고 실천하는 것은 시대가 우리들에게 부여한 빛나고 영광스러운 임무이다. 반드시 시간이 나를 기다려주는 않는다는 긴박 의식과 밤낮없이 부지런히 일한다는 책임 의식을 가져야 한다. '개혁과 나는 무관하고 개방은 나로부터 매우 멀다(改革与我无关, 开放离我很远)'라는 잘못된 생각을 방지하기 위해서는 기다리며 관망하고, 우물쭈물하며 앞으로 나아가지 않거나 자아도취, 자아만족에 빠지는 것을 철저하게 피해야 한다.

「성부급 주요 영도간부의 제18기 3중전회 정신을 학습하고 관철하는 전면심화개혁 주제 연구 토론반에서의 연설」(2014년 2월 17일)

개혁은 차례대로 한 걸음 한 걸음 앞으로 나아가는 일이다. 용감하게 돌파해 나가고 또한 한 걸음 한 걸음 발자국을 새겨 가며 차근차근 확실하게 나가야 한다. 작은 성과를 쌓아 큰 성과를 만들어내야지 규율을 위반해가면서 요란하게 소리 지르며 나아갈 수는 없다. 만약 충분한 조사연구와 논증을 거치지 않고 단지 생각만으로 새로운 정책이나 조치를 내놓는다면 그리고 심지어 누가 개혁조치를 많이 내는가만 본다면, 그리고 실제와 부합하는지 여부를 보지 않는다면 이것은 성과를 내기가 매우 어려울 뿐만 아니라 게다가 해롭기까지 하다. 개혁의 로드맵과 시간표에 따라 견실하게 일을 추진하여 개혁의 목표와 임무 실현을 확보해야 한다.

「성부급 주요 영도간부의 제18기 3중전회 정신을 학습하고 관철하는 전면심화개혁 주제 연구 토론반에서의 연설」(2014년 2월 17일)

심화개혁은 여러 사람의 기득권(奶酪)과 저촉되는 것을 피하기 어렵고 각종 복잡하게 얽히고 설킨 이해관계와 부딪히게 되어 모든 사람들이 환영하는 것은 아니다. 기득권을 돌파하기 위해서는 개혁을 실천하는 지점에서 용기, 담력과 식견, 담당(担当)이 필요하다. 너무 소심하여 일을 벌이지 못하고 벌벌 떨거나, 용기가 나지 않아 앞서 나가지 못하고, 남에게 미움을 살까 걱정하는 것은 개혁조치의 실시를 구체적으로 실행하는데 어렵고 업무를 추진하는데 어렵다. 전면심화개혁은 국가의 전체적인 이익과 근본적인 이익 그리고 장기적인 이익에 근거하여 실행하는 것으로 계획된 것이다. 목적은 하나에 하나를 더하면 둘 이상의 효과를 보기 위한 것이다. 전체적인 이익이 승수효과를 만들어 하나 더하기 하나가 둘보다 적은 상황을 극복하기 위함이요, 지엽적인 이익이 상호 견제하고 상호 상쇄하는 것을 방지하기 위함이다.

지방과 부문에 종사하는 동지들은 당과 국가사업의 총체적인 국면에 서서 문제를 고도로 사고하고 업무를 추진해야 한다. 각자 필요한 만큼 가져서도 안 되고 까다롭게 해서도 안 되며 심지어 개혁의 미명 아래 지엽적인 이익을 강화해서도 안 된다. 합의를 했으니 취한다는 것도 피해야 하고 합의가 되지 않았으니 포기하는 경향도 피해야 한다. 요점을 잡지 못하거나 규범을 위반하고 조작하는 경향을 피해야 하며 신심이 부족하고 마음으로만 관망하는 경향도 피해야 함을 새겨야 한다.

「성부급 주요 영도간부의 제18기 3중전회 정신을 학습하고 관철하는 전면심화개혁 주제 연구 토론반에서의 연설」(2014년 2월 17일)

시기에 맞지 않는 사유 관성에 주의를 기울여 타파해야 한다. 관성화된 사유 가운데 어떤 것은 장기적으로 업무 과정에서 형성된 것이며 어떤 것은 개인의 입장, 지위, 이익에 의해서 결정된 것이고 어떤 것은 현재의 업무 구도, 업무 권한, 업무 메커니즘과 밀접하게 관련을 맺고 있다. 사업이 발전하고, 정세가 변화하면서 과거에는 합리적인 것이 현재에는 이미 적응하지 못하는 것도 있고, 이전에 장기적으로 효과적이었던 것이 현재 힘을 잃기도 한다. 바로 '어제 옳은 일이 오늘은 그른 일이 되고, 오늘 그른 일이 후일에는 옳은 일이 된다(昨日是而今日非矣, 今日非而后日又是矣)'고 말할 수 있다. 새로운 정세와 새로운 임무를 앞에 두고 만약 완전하게 기존의 사유 관성에 따라 일을 진행한다면 아마도 개혁이 필요하지 않다고 생각하거나 혹은 적극적으로 개혁을 추동하지 않을 것이다. 이것이 바로 일을 그르치는 것이다. 우리는 엄청 큰 결심으로 사상 관념의 속박을 타파하고 개혁과 발전을 방해하는 그러한 사유 관성을 제거해야 시대적 추세에 적응하고 시대와 더불어 함께 나아갈 수 있다고 말할 수 있다. "시대적 요구를 자세히 조사하고, 생각을 정해 움직이면 세상에는 하지 못하는 일이 없다(审度时宜, 虑定而动, 天下无不可为之事)." 개혁의 스트레스와 개혁의 대가를 감당하기 위해서는 당과 인민의 사업에 유리한지, 광범위한 인민에게 유리한지, 당과 국가의 번영과 발전 그리고 장기간 나라가 태평하고 질서와 생활이 안정되도록 하는데 유리한지에 대한 사상적 준비를 잘해야 하며 이 개혁이 곧 굳건하게 뿌리를 내려 쉽게 바뀌지 않아야 한다. 이것이 바로 역사에 대한 책무이며 인민에 대한 책무이고 국가와 민족에 대한 책무인 것이다.

「성부급 주요 영도간부의 제18기 3중전회 정신을 학습하고 관철하는 전면심화개혁 주제 연구 토론반에서의 연설」(2014년 2월 17일)

무릇 중대한 개혁에 속하는 것은 모두 법에 의해 그 근거가 있어야 한다. 총체적인 개혁 과정에서 모두 법치사유와 법치방식 운용을 고도로 중시하고 법치의 인도와 추동 역할을 발휘하고 관련 입법 업무와의 협조를 한층 강화하여 법치라는 궤도에서 개혁이 추진되도록 확실히 보장해야 한다.

「중앙전면심화개혁영도소조 제2차회의에서의 연설」(2014년 2월 28일), 『인민일보』(2014년 3월 1일)

成均馆大学东亚学术院成均中国研究所 (SICS)

(110-745) 首尔市钟路区成均馆路25-2号成均馆大学600周年纪念馆509室

所长办公室	+82-2-740-1650
研究室	+82-2-740-1651~5
研究所办公电话	+82-2-740-1656
传真	+82-2-740-1657
研究所网页	http://sics.skku.edu
研究所邮箱	sics@skku.edu

시진핑, 개혁을 심화하라
习近平, 关于全面深化改革论述摘编

1판 1쇄 인쇄 2014년 6월 20일
1판 1쇄 발행 2014년 6월 30일

편저자	중공중앙문헌연구실
옮긴이	성균중국연구소
펴낸이	김준영
펴낸곳	성균관대학교 출판부
출판부장	박광민
편집	신철호 · 현상철 · 구남희
외주디자인	서진기획
마케팅	박인붕 · 박정수
관리	이경훈 · 김지현
등록	1975년 5월 21일 제1975-9호
주소	110-745 서울특별시 종로구 성균관로 25-2
전화	02)760-1252~4
팩스	02)762-7452
홈페이지	http://press.skku.edu

ISBN 979-11-5550-054-5 (03340)

잘못된 책은 구입한 곳에서 교환해 드립니다.